Le Vol de la Joconde

W9-BID-031

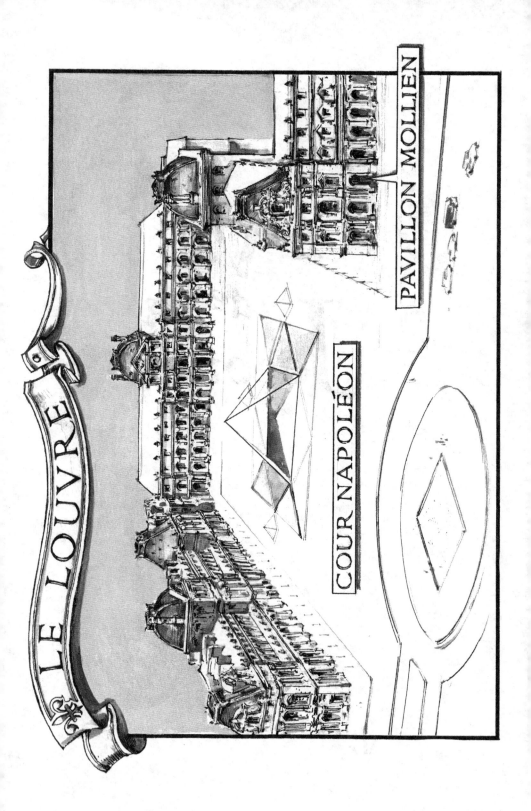

LE LOUVRE

PAVILLON MOLLIEN

COUR NAPOLÉON

Le Vol de la Joconde

Huguette Zahler
Head, Foreign Department
Head, French as a Second Language
École Active Bilingue Jeannine Manuel
Paris, France

AMSCO

When ordering this book, please specify:
either **R 440 P** *or* LE VOL DE LA JOCONDE

AMSCO SCHOOL PUBLICATIONS, INC.
315 Hudson Street / New York, N.Y. 10013

Other Amsco books by Huguette Zahler:
Une mystérieuse disparition
Un été pas comme les autres
Le mystère des faux billets

Please visit our Web site at: *www.amscopub.com*

ISBN 978-0-87720-483-1

Copyright © 1987 by Amsco School Publications, Inc.

No part of this book may be reproduced in any form
without written permission from the publisher.

PRINTED IN THE UNITED STATES OF AMERICA

Preface

Le Vol de la Joconde is a reader designed for students who have completed a first-level course in French. It provides an interesting and original mystery story in simple yet natural and idiomatic French.

The setting of the story is the Louvre Museum in Paris, and the plot revolves around its most famous work of art, the *Mona Lisa*. Both the institution and the painting are well known to many students but have seldom, if ever, been the subject of a textbook. Although the plot is simple, involving only a few people, there is enough mystery to hold the reader in suspense from beginning to end.

Le Vol de la Joconde uses conversational indicative tenses. Syntactical difficulties have been kept to a minimum to permit a lively, colloquial flow of language. To encourage rapid reading, the author has carefully controlled the vocabulary, making maximum use of cognates and words that students normally learn in a first-year course. Unusual expressions are glossed in the text margins.

The exercises, which are based directly on the text, provide functional practice in all language skills: reading comprehension, vocabulary recognition and retention, conversation, structural practice, oral and written composition, and individualized cultural assignments. To enliven the students' work, the author has included crossword puzzles and other word games in each chapter. Dialog exercises serve as springboards for communicative practice through role playing.

Le Vol de la Joconde gives students the enjoyable experience of reading a complete mystery story while improving their control of language, their vocabulary range, and their knowledge and understanding of French culture.

H. Z.

Il est 6 heures du matin et Jean-Pierre dort profondément sur le divan de la salle de séjour. Le téléphone, qui est sur une petite table près du divan, sonne brusquement. Jean-Pierre
5 sursaute et regarde sa montre: 6 heures du matin! Il entend sa tante, Chantal, qui répond de sa chambre. Ce n'est pas la première fois qu'il est réveillé si tôt par le téléphone, et pourtant il est en vacances! Évidemment,
10 quand on a une tante qui travaille pour le plus grand détective de la Sûreté... il faut s'attendre à tout!

Il est prêt à se rendormir quand il entend sa tante se précipiter vers la salle de bains.

15 JEAN-PIERRE: Qu'est-ce qui se passe? Où vas-tu? Il est 6 heures du matin!

CHANTAL: Le patron vient de m'appeler, une urgence.

JEAN-PIERRE: Attends-moi, je viens avec toi.

20 CHANTAL: Pas cette fois-ci, top secret.

JEAN-PIERRE: Ah, là, là! Tu n'es pas sympa!

dort / *inf.* dormir *to sleep*
le divan *couch*

sursauter *to start, jerk*

la Sûreté *(literally: security) French equivalent of the F.B.I.*

s'attendre à *to expect*

se précipiter *to rush*

le patron / *f.* la patronne *the boss*

Ah, là, là! *Come on!*

1

CHANTAL: Si je peux, je te raconterai ce soir. Salut, et ne fais pas trop de bêtises.

raconter to tell (a story)
la bêtise stupidity; here: mischief

Jean-Pierre trouve que c'est formidable
25 d'avoir une tante détective et il vient souvent passer ses vacances chez elle. Maintenant il n'arrive pas à se rendormir. Il est intrigué, qu'est-ce qui se passe de si secret? C'est alors que le téléphone sonne une deuxième fois.

arriver à here: to manage

30 JEAN-PIERRE: Allô?
LA VOIX: Mademoiselle Dufour, s'il vous plaît.
JEAN-PIERRE: Je suis désolé, elle vient de partir.

désolé sorry

35 LA VOIX: Il y a longtemps?
JEAN-PIERRE: Non, deux minutes à peine. Si vous voulez, je peux essayer de la rattraper. Je sais où elle a garé sa voiture. Je suis Jean-Pierre, son neveu.

rattraper to catch up with
garer to park
le neveu nephew

40 LA VOIX: Ah oui, Jean-Pierre, euh, bon, d'accord, essaie de la rattraper et dis-lui d'aller directement au Louvre.* Elle comprendra.
JEAN-PIERRE: D'accord, j'y cours.

45 Jean-Pierre raccroche et se précipite dans la rue. L'appartement de Chantal Dufour est boulevard Saint-Michel, au rez-de-chaussée d'un immeuble assez bourgeois. Jean-Pierre court maintenant vers l'avenue de l'Observa-
50 toire et, de loin, il voit la petite voiture rouge de sa tante qui démarre à toute vitesse dans un grincement de pneus.

le rez-de-chaussée ground floor

démarrer to start; to pull out (a car)
le grincement screeching
le pneu tire

---

*One of the most famous museums in the world, formerly a palace.

JEAN-PIERRE: Aïe, aïe, aïe, ce qu'elle conduit   aïe *ouch*
mal. . . Et puis, zut, je l'ai ratée! . . .   zut *darn*
55   Au Louvre? Je me demande pourquoi?   rater *to miss*
Qu'est-ce qui se passe au Louvre? Je vais
appeler Jacques. Cela vaut peut-être la   vaut / *inf.* valoir *to be*
peine d'y aller.   *worth*
la peine *trouble*

C'est à ce moment, devant l'air étonné d'un
60   vieux monsieur qui promène son chien, que
Jean-Pierre se rend compte avec un certain
embarras qu'il est en plein Paris, dans la rue,   en plein *right in the*
à 6 heures et quart du matin et. . . en pyjama!   *middle of*

Exercices

A.   Vrai *ou* **Faux?** *Dites si la phrase suivante est vraie ou fausse. Si elle est fausse, donnez la bonne réponse:*

1. Jean-Pierre ne dort pas dans un lit.
2. C'est la première fois qu'il est réveillé par le téléphone.
3. Sa tante est la secrétaire d'un détective.
4. Jean-Pierre va essayer de rattraper sa tante.
5. La tante de Jean-Pierre conduit bien.
6. Sa tante a une grosse voiture bleue.
7. La tante de Jean-Pierre doit aller au Louvre.
8. Jean-Pierre est en pyjama dans la rue.

B. *Choisissez la proposition qui complète le mieux la phrase:*
1. Le téléphone réveille Jean-Pierre parce qu'il est
   (a) à côté de lui.
   (b) loin de lui.
   (c) dans la chambre de sa tante.
2. Jean-Pierre entend sa tante
   (a) qui appelle son patron.
   (b) qui travaille.
   (c) qui se précipite vers la salle de bains.
3. Jean-Pierre vient souvent en vacances chez sa tante
   (a) pour dormir sur le divan.
   (b) parce qu'il trouve que c'est formidable d'avoir une tante détective.
   (c) pour promener son chien au Louvre.
4. Chantal habite
   (a) au premier étage.
   (b) en haut de l'immeuble.
   (c) en bas de l'immeuble.
5. Le vieux monsieur qui promène son chien est étonné
   (a) parce que Jean-Pierre est en pyjama dans la rue.
   (b) parce que Chantal conduit mal.
   (c) parce qu'il est 6 heures du matin.

C. *Complétez chaque phrase avec le présent du verbe qui convient:*

conduire	garer	réveiller
courir	pouvoir	sonner
démarrer	promener	venir
dormir	répondre	voir
entendre		

1. Le vieux monsieur _____ son chien.
2. La tante de Jean-Pierre _____ très mal!
3. Le téléphone _____ Jean-Pierre.
4. Jean-Pierre _____ dans l'avenue pour rattraper Chantal.
5. Il _____ sa tante qui se précipite dans la salle de bains.
6. À 6 heures du matin le téléphone _____ .

D. *Répondez à chaque question selon le modèle:*

EXEMPLE: Est-ce qu'il t'a appelé?
          Oui, il vient de m'appeler.

1. Est-ce qu'elle est partie?
2. Est-ce que le téléphone a sonné?
3. Est-ce qu'elle a garé sa voiture?
4. Est-ce qu'elle a démarré?
5. Est-ce que Jean-Pierre s'est réveillé?

E. *Choisissez le synonyme de chaque verbe indiqué:*

1. se précipiter: s'approcher / se dépêcher / se trouver / s'empêcher
2. se passer: avoir lieu / avoir besoin / donner / s'attendre
3. raconter: appeler / rencontrer / dire / rendre
4. conduire: agir / courir / envoyer / diriger
5. se rendre compte: calculer / se souvenir / remarquer / savoir

F. *Choisissez la meilleure définition des mots indiqués:*

1. le divan   a. ce qui est stupide
2. le patron   b. des appartements vides
3. la bêtise   c. le chef ou le directeur
4. les vacances   d. un bâtiment
5. l'immeuble   e. un meuble
                     f. la période où l'on ne travaille pas
                     g. le client

G. *Au téléphone. Complétez les dialogues suivants:*

1. (a) Allô, je voudrais parler à Alain Carrière, s'il vous plaît.
   (b) _____
   (c) Ah bon, et il va rentrer à quelle heure?
   (d) _____
   (e) Très bien, merci, je vais rappeler après 4 heures.
2. (a) _____
   (b) Ah, je regrette, elle est sortie.
   (c) _____
   (d) Elle va rentrer à 8 heures.
   (e) _____

H. *À vous de jouer! Trouvez 8 mots sur le thème de la famille:**

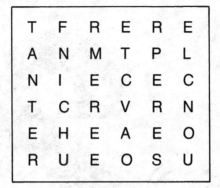

Attention: Si vous formez avec les lettres qui n'ont pas servi le nom de quelqu'un qui fait aussi partie de la famille mais qui n'est pas humain, vous êtes un parfait détective! Ce mot a 4 lettres!

[La solution se trouve à la fin du livre.]

---

*Note that accents on capital letters may be omitted.

Jean-Pierre est né à Paris, mais maintenant il habite à Bordeaux avec ses parents. Quand il est en vacances à Paris chez sa tante, il est toujours avec son vieux copain Jacques. 5 Quand ils étaient petits, ils étaient inséparables et maintenant ils sont heureux de se revoir le plus souvent possible.

né / *inf.* naître *born*

Ce matin-là ils se retrouvent à 8 h 30 au milieu du Pont des Arts, tout près du Louvre.

10 JACQUES: Alors, qu'est-ce qu'il y a? Tu étais bien mystérieux au téléphone!

bien *quite*

JEAN-PIERRE: Je ne sais pas, mais c'est sûrement gros. Quelque chose s'est passé au Louvre . . .

gros / *f.* grosse *big*

15 Jean-Pierre raconte à son ami le départ précipité de sa tante et le mystérieux coup de fil.

précipité *hurried*
le coup de fil *(colloquial)* telephone call

JACQUES: Allons voir.

Les deux garçons traversent le Quai des

Tuileries et entrent dans les jardins du Lou-
20 vre. Tout semble calme. Il y a très peu de
promeneurs et pas de police en vue.

en vue in sight

JACQUES: Tu es sûr que c'est ici? Je ne vois
rien d'anormal!

JEAN-PIERRE: Ben oui, moi non plus. Viens
25   par ici, allons à l'entrée principale.

ben = bien

À l'entrée principale il n'y a personne.

JEAN-PIERRE: C'est bizarre, il est presque 9
heures. En général les touristes commencent à faire la queue de bonne heure.

faire la queue to wait on line

30 JACQUES: Il est trop tôt, le musée ouvre à
9 h 45.

JEAN-PIERRE: Quand même, c'est vraiment
désert.

JACQUES: Attends, aujourd'hui, c'est mardi?
35   Le Louvre est fermé le mardi!

JEAN-PIERRE: Mais oui! Alors, c'est pour ça
qu'il n'y a personne.

JACQUES: Viens, on va faire le tour des bâti-
ments.

40   Ils traversent la Cour Napoléon. La cour est
déserte, sauf . . .

JEAN-PIERRE: Regarde cette grosse voiture
noire, c'est une voiture officielle. Qu'est-ce
qu'elle fait ici à 9 heures du matin?

45 JACQUES: Tu as raison, il y a un drapeau tricolore sur la plaque minéralogique.

le drapeau flag
la plaque minéralogique license plate

JEAN-PIERRE: Viens, cachons-nous derrière
cette colonne.

Les deux amis se cachent au moment où
50 sortent d'une petite porte du pavillon Mollien
trois hommes à l'air important.

se cacher to hide (oneself)

JEAN-PIERRE: Qui est-ce? Tu les reconnais?

JACQUES: Mais oui, celui de droite, c'est le
  Président de la République, l'autre, à sa
55 gauche, c'est le Maire de Paris, le troi-   le maire *mayor*
  sième, je ne le connais pas.

JEAN-PIERRE: Moi si, c'est l'Inspecteur
  Granger, le patron de ma tante, le plus
  grand détective de la Sûreté.

60 JACQUES: Et voilà ta tante avec des inspecteurs en civil.

JEAN-PIERRE: On est sur la bonne piste!   la piste *track*

  Les deux garçons voient le Maire et le Pré-
  sident qui s'engouffrent dans la voiture offi-   s'engouffrer *to get*
65 cielle. Ils décident de suivre Chantal qui se   *(into)*
  dirige vers la rue de Rivoli. De loin, ils voient   suivre *to follow*
  sa petite voiture rouge, mal garée, comme
  d'habitude. Ils se précipitent vers elle.

JEAN-PIERRE: Alors, qu'est-ce qui se passe?
70 Raconte!

CHANTAL: Mais, qu'est-ce que vous faites ici?

JACQUES: Salut Chantal, allez, dis-nous ce
  qui se passe. On sait que c'est important,
  on a vu le Maire et le Président. . .

75 CHANTAL: Je ne peux rien vous dire!

JEAN-PIERRE: On n'en parlera à personne,
  parole de scout!

CHANTAL: Parole de scout?

JACQUES: Oui, c'est juré!   jurer *to swear*

80 CHANTAL: Bon, inutile de me bagarrer avec   se bagarrer *to fight*
  vous: Mona Lisa* a été volée au Louvre.
  Le tableau a été remplacé par un faux.

---

*Famous painting by the Italian painter Leonardo da Vinci
(1452–1519).

Exercices

A. Vrai *ou* **Faux?** *Dites si la phrase suivante est vraie ou fausse. Si elle est fausse, donnez la bonne réponse:*

1. Jean-Pierre est né à Bordeaux.
2. Jacques et Jean-Pierre se retrouvent au milieu du Pont des Arts.
3. Ce matin-là, il y a beaucoup de monde dans les jardins du Louvre.
4. Le Louvre est ouvert le mardi.
5. Dans la Cour Napoléon il y a une voiture officielle.
6. L'Inspecteur Granger est le patron du Maire de Paris.
7. La voiture de Chantal est bien garée, comme d'habitude.
8. Un tableau célèbre a été volé au Louvre.

B. *Choisissez la proposition qui complète le mieux la phrase:*

1. Quand ils étaient petits, Jacques et Jean-Pierre
   (a) habitaient Bordeaux.
   (b) étaient heureux.
   (c) étaient inséparables.
2. Aujourd'hui, il n'y a presque personne devant le Louvre
   (a) parce qu'il est trop tôt.
   (b) parce que le Louvre est fermé le mardi.
   (c) parce que Mona Lisa a été volée.
3. Jacques sait que c'est une voiture officielle
   (a) parce que des hommes importants sont dedans.
   (b) parce qu'elle est dans la Cour Napoléon du Louvre.
   (c) parce qu'il y a un drapeau tricolore sur la plaque minéralogique.
4. La petite voiture rouge de Chantal
   (a) est cachée derrière une colonne.
   (b) est mal garée.
   (c) a été volée.

C. *Mettez le verbe à l'imparfait dans la phrase qui convient:*

arriver	connaître	habiter	traverser
se cacher	être	suivre	

1. Ils ＿＿ à Bordeaux depuis dix ans.
2. Ils ＿＿ la voiture pour savoir qui ＿＿ dedans.
3. Je ＿＿ la tante de Jean-Pierre depuis l'âge de cinq ans.
4. Elle ＿＿ les jardins pour entrer au Louvre.
5. Nous ＿＿ pour voir qui ＿＿ .

D. *Trouvez la meilleure définition possible des expressions de la colonne de gauche:*

1. faire la queue	a. se disputer
2. un copain	b. qui a trois couleurs
3. inséparables	c. coudre
4. tricolore	d. un ami
5. se bagarrer	e. attendre
6. un coup de fil	f. un coup de main
	g. toujours ensemble
	h. un coup de téléphone

E. *Complétez les phrases avec le mot du texte qui convient:*

1. Les garçons sont sur la bonne ＿＿ .
2. Granger est le ＿＿ de Chantal.
3. Ils ont ＿＿ de ne rien dire à ＿＿ .
4. Mona Lisa a été ＿＿ au Louvre.
5. Le Louvre est fermé le ＿＿ .
6. En général les touristes commencent à ＿＿ de bonne heure.

F. *Reconstituez les phrases en mettant les mots dans le bon ordre:*

1. faire / à / de / heure / touristes / bonne / les / la / commencent / queue
2. de / se / qui / Chantal / dirige / vers / ils / rue / la / de / décident / Rivoli / suivre

G. *Culture. Cherchez des renseignements sur:*

1. Le drapeau français: de quelle couleur est-il?
2. Le Pont des Arts: pourquoi est-il différent des autres ponts?
3. Mona Lisa: pourquoi est-elle si célèbre?
4. La rue de Rivoli: pourquoi est-elle aimée des touristes?

H. *Trouvez les contraires dans le texte et mettez-les dans la grille au bon endroit:*

1. jeune	4. ouvert	7. bruyant
2. ennemi	5. quelqu'un	8. grand
3. vrai	6. sortent	9. tard

[La solution se trouve à la fin du livre.]

Il est 11 heures du matin et, au Quai des Orfèvres*, il y a une réunion extraordinaire entre l'Inspecteur Granger et ses assistants.

INSPECTEUR GRANGER: Il va falloir faire vite.
5   Le gouvernement a décidé de garder l'affaire secrète. Pas un mot à la presse.

   falloir *to be necessary*

CHANTAL: Heureusement que c'est aujourd'hui mardi, le musée est fermé!

INSPECTEUR GRANGER: De toutes façons, on
10   va laisser le faux. Il est assez bien imité pour tromper les touristes, mais pas les connaisseurs... C'est pour cela qu'il faut faire vite. Heureusement qu'ils ont laissé le cadre!

   le cadre *frame*

15 CHANTAL: Vous avez une idée?

INSPECTEUR GRANGER: Oui, un coup pareil... il n'y a pas beaucoup de gens capables de le faire. Je viens d'appeler Londres...

   un coup pareil *(colloquial) some stunt*

---

*Headquarters of the French Police.

20   CHANTAL: Vous pensez à Z?

INSPECTEUR GRANGER: Oui, Z ou le Turc.

CHANTAL: Et, à Londres, ils savent où est Z?

INSPECTEUR GRANGER: Non, mais deux de ses
associés se sont échappés de prison la se-   *s'échapper to escape*
25   maine dernière.

CHANTAL: Où sont-ils maintenant?

INSPECTEUR GRANGER: D'après Scotland
Yard ils ont rejoint le continent. J'ai con-   rejoindre *to reach*
tacté la police des Côtes. De toutes fa-   la côte *coast*
30   çons, Z a les contacts nécessaires pour
faire faire un faux si bien imité et les connections pour vendre le vrai tableau.

CHANTAL: Et le Turc?

INSPECTEUR GRANGER: J'attends une ré-
35   ponse du FBI. Lui aussi a les contacts
nécessaires pour écouler une telle mar-   écouler *to get rid of*
chandise.

CHANTAL: Et le système d'alarme qui n'a pas
marché! Que pensez-vous de cela?   marcher *to walk; to work*

40   INSPECTEUR GRANGER: C'est un système très
complexe, vous verrez cet après-midi. En
bref, si quelqu'un touche au tableau, un
rayon laser active les portes de la salle qui
se ferment automatiquement et l'alarme
45   est déclenchée. Pour le moment, j'ai ren-   déclencher *to release*
dez-vous avec le Conservateur du Louvre.   le rendez-vous *appointment*
On va déjeuner ensemble. Je vais essayer   le conservateur *curator*
de le faire parler!

CHANTAL: C'est quand même incroyable, on
50   n'entre pas au Louvre comme dans un
moulin!   le moulin *mill*

INSPECTEUR GRANGER: C'est bien ce que nous
pensions tous, ma chère demoiselle!

À ce moment un inspecteur entre dans la
55   salle et donne un télex au détective.

INSPECTEUR GRANGER: Bon. Un de moins: ce
n'est pas le Turc. Il est mort la semaine
dernière.

CHANTAL: Alors, c'est Z?

60   INSPECTEUR GRANGER: Doucement, doucement, Mademoiselle. . . Dans ce métier
vous apprendrez qu'il ne faut pas vendre
la peau de l'ours avant de l'avoir tué!

la peau *skin*
l'ours *(m.) bear*
tuer *to kill*

Exercices

A. *Vrai ou* **Faux?** *Dites si la phrase suivante est vraie ou fausse. Si elle est fausse, donnez la bonne réponse:*

1. La réunion entre l'Inspecteur et ses assistants est à midi.
2. Les journaux vont parler du vol de la Joconde.
3. Le faux tableau est très bien imité.
4. Le patron de Chantal a deux suspects: X et le Turc.
5. Le système d'alarme de Mona Lisa est très simple.
6. Le patron de Chantal va dîner avec le Conservateur du Louvre.
7. Le Turc n'est plus un suspect parce qu'il est en prison.

B. *Choisissez la proposition qui complète le mieux la phrase:*

1. Le gouvernement ne va pas parler du vol à la presse
   (a) pour retrouver le tableau.
   (b) pour garder l'affaire secrète.
   (c) parce que le musée est fermé le mardi.
2. Le faux tableau peut tromper les touristes
   (a) parce qu'il est bon.
   (b) parce qu'il est mauvais.
   (c) parce qu'il est dans un cadre.

3. Z est un bon suspect parce qu'il peut
   (a) s'échapper de prison.
   (b) aller en Europe.
   (c) vendre le tableau.
4. Si quelqu'un touche à la Joconde
   (a) les portes du musée s'ouvrent.
   (b) l'alarme est déclenchée.
   (c) le Conservateur arrive.

C. *Mettez le verbe au passé composé et au négatif:*

EXEMPLE: Il décide.
               Il n'a pas décidé.

1. Je contacte la police.
2. Nous vendons la voiture.
3. Elles attendent la réponse du FBI.
4. Vous essayez d'entrer.
5. Elle finit son déjeuner.
6. Je regarde le musée.
7. Nous donnons la marchandise au détective.
8. Elle touchent le tableau.

D. *Trouvez dans le texte le mot ou les mots qui veulent dire la même chose:*

1. Une réunion très importante.
2. Ils ont laissé le bois autour du tableau.
3. Ils sont partis de prison.
4. Le système d'alarme n'a pas fonctionné.
5. On n'entre pas au Louvre si facilement.

E. *Trouvez la définition des mots de la colonne de gauche dans celle de droite:*

1. la presse	a. un animal
2. un associé	b. qui va vite
3. s'échapper	c. un ennemi
4. marcher	d. un ami
5. un ours	e. courir
	f. fonctionner
	g. les journaux
	h. partir loin

F.   *Devinette. Trouvez dans le texte les deux proverbes qui veulent dire:*

1. Entrer quelque part très facilement.
2. Dire que quelque chose est réussi sans en être certain.

G.   *Dialogue. Dans la conversation suivante, imaginez que vous êtes l'agent de Scotland Yard. Donnez les réponses de cet agent:*

1. GRANGER: Allô, Scotland Yard? Ici l'Inspecteur Granger de la Sûreté.
   SCOTLAND YARD: _____
2. GRANGER: Savez-vous où est Z en ce moment?
   SCOTLAND YARD: _____
3. GRANGER: Ah oui, et pourquoi?
   SCOTLAND YARD: _____
4. GRANGER: Et vous savez où ils sont?
   SCOTLAND YARD: _____
5. GRANGER: Bon, merci, Smith.
   SCOTLAND YARD: _____

H.   *Mots croisés. Les animaux:*

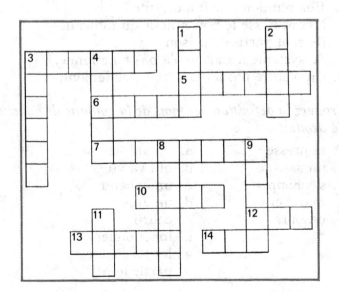

HORIZONTALEMENT

3. Il peut être utile si l'on n'a pas de voiture.
5. Il a des ailes et il vole.
6. Le meilleur ami de l'homme.
7. Il est trop gros pour entrer dans votre voiture.
10. Il ne faut pas vendre sa peau avant de l'avoir tué!
12. Il est horrible et tout le monde le déteste.
13. On la mange aux États-Unis pendant la fête de Thanksgiving.
14. Il marche quand il veut, il est très têtu.

VERTICALEMENT

1. C'est le roi des animaux.
2. C'est l'enfant du numéro 4.
3. On fait un fromage délicieux avec son lait.
4. On boit son lait tous les matins.
8. On en mange très souvent, c'est l'enfant de la poule.
9. Il a de belles rayures et il vit dans la jungle.
11. On fait un pâté délicieux avec son foie.

[La solution se trouve à la fin du livre.]

À 13 h 30, quand Chantal reprend sa voiture pour retourner au Louvre, elle n'est pas surprise d'y trouver deux passagers clandestins.

CHANTAL: Encore vous! Vous êtes de vrais pots de colle!

JEAN-PIERRE: Alors, explique, qui a pris la Joconde? Comment est-ce qu'ils ont fait?

CHANTAL: On ne sait pas encore, mais il y a un célèbre voleur de tableaux, un Anglais, qui a disparu.

JACQUES: Un Anglais, ça c'est marrant!

CHANTAL: En tout cas, le faux est très bien imité.

JEAN-PIERRE: Et l'alarme? Pourquoi est-ce qu'elle n'a pas marché?

CHANTAL: On ne sait pas encore. Bon, salut. Moi, je retourne au Louvre.

JACQUES: Tu nous emmènes?

le pot de colle *jar of glue; here: nag, pest*

le voleur *thief*

marrant *(colloquial) funny, amusing*

CHANTAL: Au Louvre? Si vous voulez, mais le
20   musée est fermé et vous ne pouvez pas
       entrer avec moi!

JEAN-PIERRE: Tu n'es pas sympa!

CHANTAL: Désolée, les garçons.

Chantal quitte le Quai des Orfèvres, tra-
25 verse la Seine, prend un sens interdit pour rejoindre la rue de Rivoli, se fait insulter par
trois chauffeurs de taxi et finalement dépose
les deux garçons dans les jardins du Louvre.

JEAN-PIERRE: Cette pauvre Chantal, elle con-
30   duit toujours aussi mal!

JACQUES: Ouais, moi, la prochaine fois je
       prends le métro!

JEAN-PIERRE: Regarde-la, elle s'est garée
       juste devant la petite porte du pavillon
35   Mollien.

JACQUES: C'est là que ça se passe. Viens,
       on va s'asseoir sur ce banc. On ne sait ja-
       mais!

Dans la Cour Napoléon il y a beaucoup de
40 monde, des touristes surtout qui ne savent pas
que le musée est fermé le mardi. Depuis un
moment les deux garçons regardent un vieux
monsieur très élégant qui semble bien agité.
Il est habillé à la mode des années vingt et
45 porte avec aisance une canne à pommeau
d'argent. Il fait les cent pas sur le trottoir, en
face de l'entrée principale du musée.

JACQUES: Je ne sais pas qui c'est, mais sa
       figure ne m'est pas inconnue.

50 JEAN-PIERRE: On dirait qu'il sort d'un livre
       d'histoire!

Le vieux monsieur a l'air de plus en plus

le sens interdit *no-entry / wrong-way (street)*

déposer *to drop off (someone)*

ouais *(colloquial)* = *oui*

l'aisance *(f.) ease*
le pommeau *knob*
l'argent *(m.) silver*
faire les cent pas *to pace back and forth*

impatient, il semble attendre quelque chose.
Soudain, une voiture officielle noire, avec le
55 drapeau tricolore, s'arrête devant lui et il y
monte précipitamment.

JACQUES: Prends le numéro de la voiture, je
vais essayer de voir qui est dedans.

Mais les vitres sont teintées et on ne peut   la vitre *window*
60 rien voir. La voiture est maintenant arrêtée au   *(of car)*
bord du trottoir. Après un bon quart d'heure   teinté *tinted*
la portière s'ouvre et le vieux monsieur sort de   la portière *(car) door*
la voiture. Il est très agité et parle tout haut.

LE VIEUX MONSIEUR: Incroyable. Il faut que
65   j'appelle New York. Il a réussi! C'est im-   impensable
pensable... Bien sûr... Lui...   *unthinkable*

Dans son agitation le vieux monsieur laisse
tomber sa canne. Jean-Pierre se précipite pour
la ramasser.   ramasser *to pick up*

70 JEAN-PIERRE: Monsieur, ça ne va pas? Vous
voulez qu'on vous aide?
LE VIEUX MONSIEUR: Merci, mon petit, non,
ça va même très bien... Un rêve, mon pe-   le rêve *dream*
tit, un vieux rêve... ça va très bien!

75 Pendant que le vieux monsieur s'éloigne en
marchant d'une façon très désordonnée, les
deux garçons remarquent que l'autre occu-
pant de la voiture, lui aussi, est descendu, et
qu'il se dirige vers la petite porte du pavillon
80 Mollien.

JACQUES: Regarde qui lui ouvre la porte!
JEAN-PIERRE: Mais oui, c'est Granger lui-
même.. Il faut absolument savoir qui
est ce vieux monsieur. Suivons-le dis-
85   crètement.

Exercices

A. **Vrai** *ou* **Faux?** *Dites si la phrase suivante est vraie ou fausse. Si elle est fausse, donnez la bonne réponse:*

1. Quand Chantal reprend sa voiture, les deux garçons sont dedans.
2. Chantal conduit bien.
3. Chantal dépose les deux garçons dans le musée.
4. Les deux garçons regardent un vieux monsieur qui est habillé à la dernière mode.
5. Ce monsieur a l'air d'attendre quelqu'un.
6. Jacques peut voir qui est dans la voiture officielle.
7. Quand le vieux monsieur sort de la voiture il est très calme.
8. Les deux garçons décident de suivre le vieux monsieur.

B. *Choisissez la proposition qui complète le mieux la phrase:*

1. Jacques et Jean-Pierre vont s'asseoir sur le banc
   (a) pour se reposer.
   (b) parce que le musée est fermé.
   (c) pour voir la porte du pavillon Mollien.
2. On dirait que le vieux monsieur sort d'un livre d'histoire
   (a) parce qu'il est très agité.
   (b) parce qu'il semble attendre quelqu'un.
   (c) parce qu'il est habillé à la mode des années vingt.
3. Jacques ne peut rien voir dans la voiture officielle
   (a) parce que les vitres sont teintées.
   (b) parce qu'elle est au bord du trottoir.
   (c) parce qu'il y a un drapeau tricolore.
4. Le vieux monsieur laisse tomber sa canne
   (a) parce qu'il est très vieux.
   (b) parce qu'il est très agité.
   (c) parce qu'il rêve.
5. Les deux garçons décident de suivre le vieux monsieur
   (a) pour s'amuser.
   (b) pour lui donner sa canne.
   (c) pour savoir qui c'est.

C. *Mettez au passé composé et au négatif:*

EXEMPLE: Il sort.

Il n'est pas sorti.

1. Il part en vacances.
2. Elle monte au premier étage.
3. Nous allons au Louvre.
4. Ils descendent.
5. Vous restez une heure.
6. Tu arrives à 8 heures.
7. Je sors avec Jacques.
8. Elles viennent voir Mona Lisa.

D. *Choisissez l'expression qui complète le mieux chaque phrase:*

1. Les occupants d'une voiture s'appellent ___ (les passagers / les passants).
2. Si un musée est ___ (ouvert / fermé), on ne peut pas entrer.
3. Le chauffeur qui prend un sens interdit conduit ___ (mal / bien).
4. Quand on est habillé à la mode, on ___ (porte des vêtements élégants / aime manger du gâteau avec de la glace).
5. On peut porter ___ (une malle / une canne) si l'on a mal aux jambes.

E. *Trouvez la réponse qui correspond à la question:*

1. Qui a pris la Joconde?
2. Tu nous emmènes?
3. Vous voulez qu'on vous aide?
4. Où est-elle garée?
5. À quelle heure vient-elle?

a. Il est grand et brun.
b. À quatre heures cinq.
c. On ne sait pas.
d. Dans la salle de bains.
e. Devant la porte.
f. Oui, si vous voulez.
g. Non merci, ça va bien.
h. Je m'appelle Chantal.

F. *Trouvez dans le texte le mot ou les mots qui veulent dire la même chose:*

1. Une direction que les voitures n'ont pas la permission de prendre.

2. Quelqu'un qui insiste.
3. Amusant.
4. Gentil.
5. Oui.
6. Je crois le reconnaître.
7. Il va et vient.

G. *Composition: cherchez à la bibliothèque une reproduction de la Joconde. Regardez-la bien et racontez vos impressions.*

H. *Remettez les lettres à la bonne place pour former un mot et trouvez le message:*

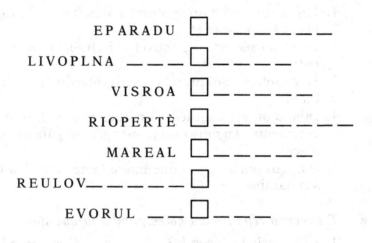

EPARADU ☐ _ _ _ _ _ _

LIVOPLNA _ _ _ ☐ _ _ _ _

VISROA ☐ _ _ _ _ _

RIOPERTÈ ☐ _ _ _ _ _ _ _

MAREAL ☐ _ _ _ _ _

REULOV _ _ _ _ _ ☐

EVORUL _ _ ☐ _ _ _

Le message: Mona Lisa a _ _ _ .

[La solution se trouve à la fin du livre.]

Il est maintenant 14 heures. Chantal,
l'Inspecteur Granger et le Conservateur du
Louvre sont devant la fausse Mona Lisa.

CHANTAL: Et bien, moi, on m'y tromperait
5   facilement. C'est une copie parfaite!

LE CONSERVATEUR: Presque parfaite en effet,
    mais regardez ici, et là, cette forme-ci,
    l'œil droit, la main gauche... Il y a beau-
    coup de petits détails...

10 INSPECTEUR GRANGER: C'est pour cela que
    nous devons nous dépêcher de retrouver
    ce tableau.

LE CONSERVATEUR: Si le vol était découvert,
    ce serait un scandale, le scandale du
15   siècle! Le déshonneur du musée..., de
    la patrie...

CHANTAL: Savons-nous comment ils ont opé-
    ré?

INSPECTEUR GRANGER: Tout d'abord, il y a
20   un système de surveillance électronique
    aux fenêtres et aux portes extérieures, et
    maintenant, regardez.

tromper *to deceive,
fool*

l'œil *(m.) (pl.* yeux)
eye

le siècle *century*
la patrie *fatherland*

29

L'Inspecteur s'approche du mur qui fait face
au fameux tableau. Il ouvre un panneau caché
25 dans la tapisserie et une boîte sort du mur.
Granger ouvre la boîte pour expliquer à
Chantal le système d'alarme.

le panneau *panel*
cacher *to hide*

INSPECTEUR GRANGER: Vous voyez, j'ai ouvert cette boîte avec la clef magnétique
30   que voilà. Maintenant, pour arrêter le
système d'alarme, il faut fermer le contact qui a été mis à l'intérieur de cette
boîte. Pour cela il n'y a que trois personnes capables de le faire: le Conserva-
35   teur, ici présent, le gardien-chef et le
Commissaire de Police du premier arrondissement. Allez-y, Monsieur.

la boîte *box*

le gardien-chef *head
guard*
l'arrondissement *(m.)
district*

Le Conservateur s'approche et met sa main
gauche dans la boîte. Un mécanisme se met
40 aussitôt en marche et le contact se ferme.

se mettre en marche
to be triggered

INSPECTEUR GRANGER: Voilà, le système est
désarmé. Voilà comment ils ont fait!

CHANTAL: À quoi sert la main?

INSPECTEUR GRANGER: Ce sont les em-
45   preintes digitales de la main gauche de ces
trois hommes qui activent le mécanisme,
et seulement leurs empreintes! Même pas
les miennes. . .

empreinte digitale *(f.)
fingerprint*

LE CONSERVATEUR: Vous voyez, on pensait
50   qu'elle était bien protégée!

CHANTAL: Et la clef?

INSPECTEUR GRANGER: Ces trois mêmes personnes ont la clef.

LE CONSERVATEUR: Cette clef est attachée à
55   une chaîne qui ne quitte pas mon cou, regardez. Le Commissaire et le gardien-chef
font pareil.

INSPECTEUR GRANGER: J'ai fait appeler le
gardien-chef, il sera ici dans quelques
60   minutes.

LE CONSERVATEUR: C'est un homme très
honnête, vous savez, il est ici depuis trente
ans!

INSPECTEUR GRANGER: Quelqu'un comme Z
65   aurait payé très cher pour avoir la Joconde!

CHANTAL: Vous pensez toujours que c'est lui?

INSPECTEUR GRANGER: Il a les contacts pour
écouler la marchandise.

70   CHANTAL: Mais qui voudra l'acheter? Tout le
monde sait que la Joconde est au Louvre
et que c'est un tableau volé!

INSPECTEUR GRANGER: Du chantage, peut-   le chantage *blackmail*
être, la Joconde rendue au Louvre contre
75   une forte rançon. Et puis, il y a des fous,   la rançon *ransom*
un collectionneur original... Quelqu'un   fou *(f.* folle*) crazy*
comme Lavallière, par exemple. À pro-
pos, que devient ce cher homme?   devenir *to become*

Chantal constate avec surprise qu'au nom
80 de Lavallière le Conservateur a fortement
rougi...   rougir *to blush*

LE CONSERVATEUR: Euh, je ne sais pas. . Il y
a bien longtemps que je ne l'ai pas vu. . .

CHANTAL: Qui est ce Lavallière?

85 INSPECTEUR GRANGER: Un collectionneur
d'art amoureux fou de Mona Lisa. Chaque   amoureux *in love*
année il offre des sommes folles au Lou-   la somme *amount*
vre pour l'acheter. Il est un peu cinglé,   cinglé *(colloquial)*
mais pas très dangereux.   *crazy*

90   Chantal observe que le Conservateur sem-
ble de plus en plus gêné. Bizarre, pense-t-elle.   gêné *embarrassed*

Exercices

A. **Vrai** *ou* **Faux?** *Dites si la phrase suivante est vraie ou fausse. Si elle est fausse, donnez la bonne réponse:*

1. La copie de Mona Lisa est très bien faite.
2. Si le vol est découvert, c'est intéressant pour le Louvre.
3. Pour ouvrir la boîte du système d'alarme il faut une clef magnétique.
4. Le système d'alarme peut-être arrêté par tous les gardes du musée.
5. Le système marche avec les empreintes digitales d'une main de l'Inspecteur Granger.
6. Le gardien-chef travaille au musée depuis trois ans.
7. Lavallière est un collectionneur qui aime la Joconde.
8. Le Conservateur ne connaît pas Lavallière.

B. *Choisissez la proposition qui complète le mieux la phrase:*

1. Si le vol de la Joconde est découvert,
   (a) c'est de la publicité pour le musée.
   (b) c'est le déshonneur du musée.
   (c) c'est intéressant pour Mona Lisa.
2. On peut désarmer le système d'alarme
   (a) avec le pied.
   (b) avec une tapisserie.
   (c) avec la main.
3. Chantal pense que personne ne voudra acheter la Joconde
   (a) parce qu'elle est trop chère.
   (b) parce que c'est un tableau volé.
   (c) parce que c'est un faux.
4. Le Conservateur a rougi
   (a) quand la Joconde a été volée.
   (b) quand Lavallière a offert de l'argent.
   (c) quand l'inspecteur a parlé de Lavallière.
5. Lavallière est
   (a) fou et dangereux.
   (b) amoureux de la Joconde et dangereux.
   (c) un peu cinglé mais pas dangereux.

C. *Mettez au passé composé et au négatif:*

EXEMPLE: Granger ouvre la boîte.
Granger n'a pas ouvert la boîte.

1. Il met le café dans la tasse.
2. Je sais déclencher l'alarme.
3. Nous voyons Lavallière.
4. Tu écris une lettre.
5. Elles lisent le journal.
6. Vous faites un gâteau.
7. Il dit «merci».
8. Je crois au Père Noël.

D. *Trouvez dans le texte un mot qui complète la phrase:*

1. J'ai ouvert cette boîte avec une _____ .
2. C'est une copie _____ .
3. Si le vol était découvert, ce serait un _____ .
4. La Joconde peut être rendue au musée contre une forte _____ .
5. Le Conservateur est de plus en plus _____ quand on lui parle de Lavallière.
6. Z a les connections nécessaires pour écouler la _____ .
7. On pensait que Mona Lisa était bien _____ au Louvre.
8. Cette clef est attachée à une chaîne qui ne quitte pas mon _____ .

E. *Mettez les mots en ordre pour former des phrases:*

1. une clef / avoir / cette / ouvrir / il faut / boîte / pour
2. très / tout le monde / la Joconde / voir / au Louvre / pour / a / longtemps / attendu

F. *Dialogue. À un dîner Lavallière offre au Conservateur une grande somme pour Mona Lisa. Complétez leur conversation:*

1. LAVALLIÈRE: _____
   LE CONSERVATEUR: Oui, bien sûr, il y a toujours des réparations à faire, des œuvres à acquérir . . .
2. LAVALLIÈRE: _____
   LE CONSERVATEUR: Vour êtes très généreux, Monsieur. Je suis ravi.
3. LAVALLIÈRE: _____
   LE CONSERVATEUR: Tout ce que vous voulez. Allez-y.
4. LAVALLIÈRE: _____
   LE CONSERVATEUR: Mais vous êtes fou?
5. LAVALLIÈRE: _____
   LE CONSERVATEUR: Oh, quel amour tragique!

G. *Avez-vous la mémoire d'un détective? Choisissez la description des personnes suivantes:*

<table>
<tr><td>

1. Jean-Pierre
2. Le gardien-chef
3. Chantal Dufour
4. L'Inspecteur Granger
5. Le Conservateur
6. Z
7. Mona Lisa
8. Jacques
9. Lavallière
10. Le Turc

</td><td>

a. Il est mort.
b. Un tableau célèbre du Louvre.
c. Un grand détective de la Sûreté.
d. Un collectionneur très étrange.
e. Le neveu de Chantal Dufour.
f. Elle travaille avec Granger.
g. Le directeur du musée.
h. Un ami du neveu de Chantal Dufour.
i. Un gangster qui a des contacts.
j. Il travaille au Louvre depuis 30 ans.

</td></tr>
</table>

H. *Trouvez 13 mots qui se rapportent au corps humain. Si vous êtes un super-détective, vous trouverez aussi avec les 7 lettres qui restent: Le corps ne peut pas fonctionner sans ____ .*

J	A	M	B	E	N	C
O	E	I	L	E	O	H
U	R	E	Z	U	D	E
E	O	E	P	O	U	V
P	M	A	I	N	C	E
C	E	G	E	L	I	U
E	T	A	D	R	L	X
L	B	O	U	C	H	E

[La solution se trouve à la fin du livre.]

Les douze gardes chargés de la surveillance de Mona Lisa ont été appelés. Ils vont être interrogés par l'Inspecteur Granger en présence de Chantal et d'autres détectives. Granger, qui a arrêté de fumer depuis deux ans, mange beaucoup de chewing-gum pendant les interrogatoires. Chantal décide d'aller en chercher d'avance et, à la petite porte du pavillon Mollien, elle se heurte à Jacques et Jean-Pierre qui l'attendent.

la surveillance *watch*

l'interrogatoire *(m.) questioning*

se heurter à *to bump into*

JEAN-PIERRE: Hep, Chantal, viens ici.

Hep *Hey*

CHANTAL: Mais, qu'est-ce que vous faites? Vous êtes dingues?

JACQUES: On a découvert un truc super.

dingue *(colloquial) crazy*
le truc *"thing" (when one doesn't know its name)*

JEAN-PIERRE: Le Conservateur du Louvre a rencontré un vieux monsieur dans sa voiture ce matin.

CHANTAL: Et alors?

JEAN-PIERRE: Et bien nous, on a suivi le vieux monsieur. Il habite rue des Saints-Pères, il s'appelle Lavallière et c'est un...

CHANTAL: Célèbre collectionneur. . . Je sais.

JACQUES: Alors, tu vois bien que c'est sérieux!

25 CHANTAL: Hum. . . Lavallière, amoureux fou de la Joconde! C'est étrange. . . Ce matin, le patron a mentionné ce nom-là au Conservateur et il a. . .

JACQUES: Il a quoi?

30 CHANTAL: Non, c'est moi qui rêve. . . J'ai imaginé qu'il était gêné et. . . Mais oui! Il a même dit qu'il n'avait pas vu Lavallière depuis longtemps.

rêver to dream

JEAN-PIERRE: De plus en plus bizarre. . .

35 CHANTAL: Bon, les garçons, allez chercher du chewing-gum, au citron, c'est son préféré. Apportez-le ici, je reviens dans dix minutes.

Quand Chantal retrouve l'Inspecteur, l'in-
40 terrogatoire de Monsieur Brun, le gardien-chef, a déjà commencé.

INSPECTEUR GRANGER: Et donc, vous dites que cette clef, vous la gardez toujours sur vous?

45 MONSIEUR BRUN: Absolument. Voyez vous-même, elle est attachée à cette chaîne qui ne me quitte pas.

INSPECTEUR GRANGER: Jamais? Elle ne vous quitte jamais?

50 MONSIEUR BRUN: Je vous le jure, même quand je prends une douche.

CHANTAL: Est-il possible d'empêcher le système d'alarme de marcher sans la clef?

MONSIEUR BRUN: Impossible, mes em-
55 preintes digitales et la clef. Mais vous savez, il y a deux autres clefs, celle du

Commissaire de Police et celle du Conservateur!

CHANTAL *(à part)*: Oui, en effet, celle du Con-
60   servateur...

INSPECTEUR GRANGER *(qui a entendu)*: Que
voulez-vous dire?

CHANTAL: Rien, rien, je vous expliquerai tout
à l'heure.

65 INSPECTEUR GRANGER: Bon, passons aux
autres gardes.

Exercices

A. Vrai *ou* **Faux?** *Dites si la phrase suivante est vraie. Si elle est fausse, donnez la bonne réponse:*

1. Les douze gardes vont être interrogés par l'Inspecteur Granger.
2. L'Inspecteur Granger fume beaucoup depuis deux ans.
3. Chantal décide d'aller chercher des cigarettes.
4. Jean-Pierre et Jacques ont suivi le vieux monsieur jusque chez lui.
5. Le vieux monsieur habite rue des Saints-Frères.
6. Chantal est étonnée parce que le Conservateur a dit qu'il n'aimait pas Lavallière.
7. Monsieur Brun est le gardien-chef.
8. Monsieur Brun enlève la clef quand il prend une douche.

B. *Choisissez la proposition qui complète le mieux la phrase:*

1. Chantal décide d'aller chercher du chewing-gum
   (a) parce que Granger fume beaucoup.
   (b) parce que Granger en mange beaucoup pendant les
       interrogatoires.
   (c) parce qu'elle veut rencontrer Jean-Pierre et Jacques.
2. Quand l'Inspecteur Granger a parlé de Lavallière
   (a) le Conservateur a été amoureux fou.
   (b) le Conservateur a rêvé.
   (c) le Conservateur a été gêné.
3. Quand Chantal revient, l'interrogatoire de Monsieur Brun
   (a) a déjà commencé.
   (b) va commencer.
   (c) commence.
4. Monsieur Brun dit qu'il garde toujours la clef
   (a) sur lui.
   (b) avec celle du Conservateur.
   (c) au commissariat de police.

C. *Mettez les verbes à la forme passive:*

EXEMPLE: L'inspecteur a appelé les gardes.
            Les gardes ont été appelés par l'inspecteur.

1. L'inspecteur a interrogé les gardes.
2. Quelqu'un a volé Mona Lisa.
3. L'inspecteur a ouvert la porte.
4. Le chat a mangé la souris.
5. Le détective a arrêté le voleur.
6. Les deux garçons ont suivi Chantal.
7. Chantal a garé la voiture.

D. *Trouvez la définition qui correspond à chaque mot:*

1. une clef	a. faire du mal à
2. se heurter à	b. un chef
3. dingue	c. rencontrer soudainement
4. suivre	d. marcher derrière
5. d'avance	e. fou
	f. avant
	g. quelque chose pour ouvrir la porte

E. *Trouvez le verbe qui correspond au substantif:*

EXEMPLE: la surveillance: surveiller

1. l'interrogatoire
2. la découverte
3. la collection
4. l'empêchement
5. l'explication
6. l'arrêt

F. *Trouvez les contraires dans le texte et mettez-les dans la grille au bon endroit:*

1. moins	5. détachée	8. peu
2. sous	6. commencé	9. non
3. inconnu	7. soir	10. toujours
4. normal		

[La solution se trouve à la fin du livre.]

G. *Complétez les phrases avec des mots du texte:*

1. Les gardes vont être _____ par l'Inspecteur Granger.
2. Granger a arrêté de _____ .
3. Jean-Pierre et Jacques ont _____ le vieux monsieur jusqu'à la rue des Saints-Pères.
4. Lavallière est _____ fou de la Joconde.
5. La clef du gardien-chef est attachée à une _____ autour de son cou.

H. *Composition: vous avez des clefs très importantes. Que faites-vous pour ne pas les perdre ou pour ne pas les oublier? Comment et où les gardez-vous pendant la journée? La nuit? Chez vous? À l'école? Au travail? Quand vous voyagez?*

Jacques et Jean-Pierre reviennent avec cinq
paquets de chewing-gum au citron. Chantal
n'est pas à la petite porte du pavillon Mollien.
Poussés par leur propre curiosité aussi bien
5 que par la conviction profonde qu'ils ont de
participer à l'enquête, ils entrent. Il n'y a
personne. Un escalier monte à droite et il y a
une autre porte à gauche. Comme la porte est
fermée, ils montent l'escalier. Au premier
10 étage ils pénètrent dans un bureau où il y a
déjà une douzaine de personnes — une dizaine d'hommes et deux femmes. Ils sont
d'âges divers et semblent attendre quelque
chose.

15 JACQUES: Livraison pour Mlle Dufour.

UN HOMME: Pour qui?

JEAN-PIERRE: Mademoiselle Dufour, l'assis-
tante du détective de la Sûreté qui. . .

L'HOMME: Mène l'enquête. Oui, et bien, ils
20 sont là *(indiquant un bureau à droite)*. Ils
nous interrogent tous les uns après les
autres.

l'enquête *(f.)*
investigation
l'escalier *(m.)*
staircase

pénétrer *to enter*
le bureau *office*

la livraison *delivery*

mener *to lead*

43

JACQUES: Vous êtes l'un des gardes?

L'HOMME: Oui, je me présente, Roger Le-
25   roux.

JEAN-PIERRE: Jean-Pierre Malle, et voici mon
       ami Jacques Meyer. Alors, que pensez-
       vous de cette affaire?

ROGER LEROUX: Moi, je n'en pense rien, rien
30   du tout! Vous savez, ce n'est pas la pre-
       mière fois qu'un tableau célèbre dispa-
       raît!

JACQUES: Quand même, Mona Lisa!

ROGER LEROUX: Bof, moi, Mona Lisa! Il y a   bof *(colloquial) well*
35   dix ans que je la garde... Ça va lui faire
       du bien de voir du pays! Mais dites-moi,
       pourquoi vous intéressez-vous à cette
       histoire? Ah, je vois, les vrais détectives,
       c'est vous?

40 JEAN-PIERRE: Ne vous moquez pas de nous!   se moquer (de) *to*
                                                    make fun (of)
    ROGER LEROUX: Mais pas du tout, c'est très
       amusant tout cela!

    JACQUES: Vous avez une idée sur la façon
       dont ils s'y sont pris? Comment ils l'ont   s'y prendre *to go*
45   sortie du musée?   *about it*

    JEAN-PIERRE: Et pourquoi l'alarme n'a pas
       sonné?

    ROGER LEROUX: Ça, je dois dire que je n'en
       sais rien, ce jour-là j'étais de garde jus-
50   qu'à 15 heures. Je n'ai rien vu!

    JEAN-PIERRE: Le musée ferme à quelle
       heure?

    ROGER LEROUX: À 17 heures.

    JACQUES: Et vous n'avez rien vu d'anormal?

55 ROGER LEROUX: Rien, une journée tout à fait
       normale: des touristes, des touristes et
       encore des touristes. Des étudiants des

Beaux-Arts*, des Américains, des gens qui
s'extasient, des gens qui disent: «Oh, ce   *s'extasier to be*
60   que le tableau est petit», une journée   *entranced*
normale!

JEAN-PIERRE: Dites, demain, à l'ouverture,
vous y serez?

ROGER LEROUX: Ben oui, normalement je
65   commence à 9 h 45.

JACQUES: On peut venir?

ROGER LEROUX: Pourquoi pas? Le musée
sera ouvert, vous savez, le Conservateur
veut éviter le scandale. Ils ne vont rien   *éviter to avoid*
70   dire à la presse.

JACQUES: Il paraît que le faux est presque
aussi bon que le vrai.

ROGER LEROUX: Vraiment! Mazette, celui qui   *mazette gosh*
l'a fait doit être doué alors! Un talent pa-   *doué gifted*
75   reil, même chez un criminel, c'est quand
même quelque chose.

Mais Chantal entre dans la pièce, prend le
chewing-gum et dit aux deux garçons de partir. Ils sont très surexcités.

80   JEAN-PIERRE: Il est sympa, ce type.

JACQUES: Oui, il va pouvoir nous servir!

JEAN-PIERRE: C'est super, si on peut aller
derrière, dans les coulisses. . .   *les coulisses backstage*

JACQUES: Demain soir on essaiera de le voir
85   à la sortie, il ne va pas être pressé, il n'est
pas marié.

JEAN-PIERRE: Comment sais-tu cela?

la manche sleeve
JACQUES: Tu n'as pas vu la peinture verte sur   *se gratter to scratch*
la manche de sa chemise quand il se grat-   *(oneself)*

---

*Famous art school in Paris.

90   tait l'oreille? Il ne lave pas son linge tous   le linge *laundry*
      les jours...

JEAN-PIERRE: Oh là là, Sherlock Holmes en
      personne!

JACQUES: Élémentaire, mon cher Watson...

Exercices

A.   **Vrai** *ou* **faux?** *Dites si la phrase suivante est vraie. Si elle est fausse, donnez la bonne réponse:*

1. Chantal attend les deux garçons à la porte du pavillon Mollien.
2. Ils montent au premier étage et entrent dans un bureau.
3. Roger Leroux est un autre détective.
4. Roger Leroux est étonné du vol de la Joconde.
5. Le jour du vol Roger Leroux était de garde.
6. Le jour du vol Roger Leroux a vu des choses anormales au musée.
7. Le musée sera fermé le lendemain à cause du vol.
8. Jacques sait que Roger Leroux n'est pas marié parce qu'il est trop jeune.

B.   *Choisissez la proposition qui complète le mieux la phrase:*

1. Jacques et Jean-Pierre sont poussés par leur
    (a) enquête.
    (b) curiosité.
    (c) tante.
2. Les gardes qui attendent l'interrogatoire sont
    (a) du même âge.
    (b) vieux.
    (c) d'âges divers.

3. Le jour du vol, Roger Leroux a vu
   (a) des touristes et des étudiants.
   (b) des étudiants et des journalistes.
   (c) des touristes et des détectives.
4. Le musée sera ouvert demain parce que le Conservateur
   veut
   (a) gagner de l'argent.
   (b) avoir de la publicité.
   (c) éviter le scandale.
5. Jean-Pierre et Jacques sont contents d'avoir rencontré
   Roger Leroux
   (a) parce qu'il n'est pas marié.
   (b) parce qu'il pourra leur servir.
   (c) parce qu'il ne lave pas son linge tous les jours.

C. *Mettez les phrases suivantes au négatif:*

EXEMPLE: J'ai déjà vu quelque chose.
           Je n'ai encore rien vu.

1. Granger fume toujours.
2. J'ai vu quelqu'un.
3. Ils vont dire quelque chose à la presse.
4. Ils s'intéressent encore à ce problème.
5. Il y a quelqu'un.
6. J'en pense quelque chose.
7. Il se moque toujours de moi.
8. J'en sais quelque chose.

D. *Changez le futur proche au futur:*

EXEMPLE: Le musée va être ouvert.
           Le musée sera ouvert.

1. Jacques et Jean-Pierre vont revenir avec cinq paquets de
   chewing-gum.
2. Granger va interroger les gardes.
3. Roger Leroux va être au musée à 9 h 45.
4. Ils ne vont rien dire à la Presse.
5. Tu vas écrire une lettre.
6. Jacques et Jean-Pierre vont aller dans les coulisses.
7. Je vais voir un faux tableau.
8. Vous allez avoir de la publicité.

E. *Trouvez dans le texte l'expression qui veut dire la même chose:*
1. Elle va voyager.
2. Ils n'ont pas le même âge.
3. Ce n'est pas rare.
4. Il doit avoir du talent.
5. Il ne va pas vouloir se dépêcher.
6. Le moyen qu'ils ont utilisé.
7. Au moment où le musée va ouvrir.
8. Ils sont très agités.

F. *Choisissez l'expression qui complète le mieux chaque phrase:*
1. Pénétrer dans une maison, c'est ____ . (y entrer / la perturber)
2. Indiquer quelque chose, c'est ____ . (s'inquiéter / le montrer)
3. S'extasier devant un tableau, c'est ____ . (l'admirer / se fatiguer)
4. Éviter un scandale, c'est ____ . (l'essayer / l'empêcher)
5. Se gratter l'oreille, c'est ____ . (écouter attentivement / la toucher avec l'ongle)

G. *Complétez le dialogue suivant:*
1. ____
   Bonjour, je me présente, Pierre Martin.
2. ____
   Enchanté, Mademoiselle Lemaître. Vous habitez où?
3. ____
   Ah oui! Moi aussi j'habite à Paris! Vous êtes dans quel quartier?
4. ____
   Ah bon, moi, je ne vais jamais au Forum des Halles. Je trouve qu'il y a trop de monde.
5. ____
   Oui, c'est vrai, vous avez raison. C'est un quartier très agréable.

H. *Mots croisés:*

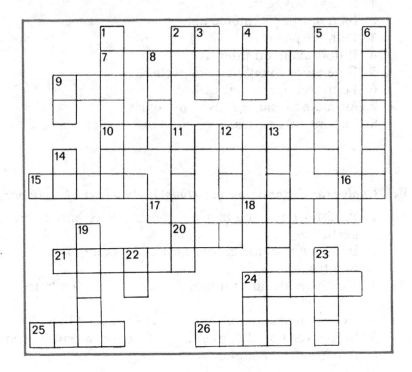

HORIZONTALEMENT

2. Le gardien ___ gratte l'oreille.
7. Chantal est l'___ de Granger.
9. Jacques et Jean-Pierre sont assis ___ un banc.
10. La profession de Granger.
15. Lavallière marche avec une ___ .
16. Masculin de **la**.
17. Mais oui, tu ___ très intelligent!
18. Le Louvre est un ___ .
20. Chantal est la tante de Jean-Pierre et donc il est ___ neveu.
21. Là où se trouvait Mona Lisa quand elle a été volé.
24. Le mardi le Louvre est ___ .
25. Pour arrêter le système d'alarme il faut une ___ magnétique.
26. Après le vol, le tableau de Mona Lisa qui est au Louvre est un ___ .

VERTICALEMENT
1. Profession de Roger Leroux.
2. Jean-Pierre n'est pas le neveu de Chantal? Mais ____ !
3. Mona Lisa ____ un tableau célèbre!
4. Chantal conduit très ____ .
5. Il sera très difficile de ____ un tableau volé!
6. Mona Lisa.
8. Mona Lisa a été volé ____ que l'alarme marche.
9. Le Conservateur a ouvert la boîte du système d'alarme avec ____ clef.
11. Pour éviter le scandale, il ne vont rien dire à la ____ .
12. Pluriel de **ce**.
13. Jacques et Jean-Pierre aiment participer à l'____ .
14. Féminin de **le**.
19. Le faux qui est au Louvre est une ____ presque parfaite.
22. Le jour du vol Roger Leroux n'a rien ____ .
23. Jacques et Jean-Pierre sont devenus ____ avec Roger Leroux.
24. Lavallière est amoureux ____ de Mona Lisa.

[La solution se trouve à la fin du livre.]

À 20 heures, quand Chantal rentre chez elle, les deux garçons l'attendent avec impatience.

JEAN-PIERRE: Alors, que dit ton patron?

CHANTAL: Il est convaincu que c'est Z.   convaincu *convinced*

5   JACQUES: L'Anglais?

JEAN-PIERRE: Mais comment a-t-il fait? Qu'est-ce qu'il faut exactement pour désamorcer l'alarme?   désamorcer *to deactivate*

CHANTAL: Les empreintes digitales de trois

10   personnes et une clef magnétique.

JACQUES: Qui sont ces trois personnes?

CHANTAL: Le Conservateur du musée, le Commissaire de Police du premier arrondissement et le gardien-chef.

15   JEAN-PIERRE: Évidemment, le Commissaire de Police est au-dessus de tout soupçon!   le soupçon *suspicion*

CHANTAL: Il reste le gardien-chef et le Conservateur.

JACQUES: Hum, le Conservateur, il a caché . . .

20   JEAN-PIERRE: Qu'il avait rencontré Lavallière!

CHANTAL: Oui, je sais. . . J'y pense!. . . Et

52

quand on en a parlé, il était très gêné. . .

JEAN-PIERRE: Et nous, quand on a vu La-
25   vallière, il était très agité, très mal à
l'aise. . .

CHANTAL: Quand même, le Conservateur,
c'est impossible!

JEAN-PIERRE: Il a peut-être des dettes?

30   JACQUES: Peut-être veut-il de la publicité
pour le Louvre! Un scandale pareil pourrait attirer les touristes!

CHANTAL: Franchement, je n'y crois pas.

JEAN-PIERRE: Alors, il reste le gardien-chef.

35   CHANTAL: Je sais. Pourtant, il avait l'air d'un
brave homme. Il y a trente ans qu'il est au   brave *honest*
musée. Pendant son interrogatoire il avait
l'air sincèrement navré.   navré *sorry*

JACQUES: On s'est fait un ami parmi les
40   gardes. Demain, on va aller le voir.

CHANTAL: Pourquoi?

JEAN-PIERRE: On ne sait jamais, regarder à
droite et à gauche. . .

CHANTAL: Vous êtes amusants, tous les deux!
45   Vous trouvez vraiment que c'est drôle
d'être détective!

JACQUES: Allez, Chantal, avoue que tu aimes
ça, toi aussi!

À ce moment le téléphone sonne et Chantal
50   répond.

CHANTAL: Allô. . . , ah, bonsoir, Monsieur. . .
Oui, oui. . . Vraiment. . . ! Ah bon. D'accord, 8 heures. Dormez bien!

Chantal raccroche l'air pensif.

55   CHANTAL: Le gardien-chef a versé 500 000   verser *to deposit*
euros sur son compte bancaire la se-
maine dernière.

Exercices

A. Vrai *ou* **Faux?** *Dites si la phrase suivante est vraie. Si elle est fausse, donnez la bonne réponse:*

1. Chantal rentre chez elle à six heures du soir.
2. Jean-Pierre pense que le Commissaire de Police ne peut pas être coupable.
3. Le Conservateur est aussi au-dessus de tout soupçon.
4. Le gardien-chef travaille au musée depuis trente ans.
5. Jacques et Jean-Pierre iront au musée demain pour essayer de se faire un ami.
6. Il y a un coup de téléphone pour Chantal, c'est probablement sa mère.
7. Le gardien-chef a versé de l'argent à sa banque la semaine dernière.

B. *Choisissez la proposition qui complète le mieux la phrase:*

1. Les deux garçons attendent Chantal avec
   (a) gêne.
   (b) impatience.
   (c) soupçon.
2. Le Conservateur n'est plus au-dessus de tout soupçon
   (a) parce qu'il a versé de l'argent à sa banque.
   (b) parce qu'il connaît Lavallière.
   (c) parce qu'il n'a pas dit la vérité sur sa rencontre avec Lavallière.
3. Pendant son interrogatoire, le gardien-chef avait l'air
   (a) désolé.
   (b) agité.
   (c) suspect.
4. Chantal raccroche parce qu'elle
   (a) a fini de parler.
   (b) parle.
   (c) va parler.

5. Après la conversation au téléphone, Chantal a l'air pensif
   (a) parce qu'elle va dormir.
   (b) parce que son patron est fatigué.
   (c) parce que le gardien-chef a versé de l'argent à sa
   banque.

C. *Répondez aux questions au négatif avec le pronom personnel direct ou indirect:*

EXEMPLES: Est-ce que Jacques a attendu Chantal?
           Mais non, Jacques ne l'a pas attendue.

           Est-ce que les garçons ont parlé aux gardes?
           Mais non, les garçons ne leur ont pas parlé.

1. Est-ce que Granger a interrogé le gardien-chef?
2. Est-ce que Jean-Pierre a téléphoné à Jacques?
3. Est-ce que Chantal a écouté les garçons?
4. Est-ce que le Conservateur connaissait Lavallière?
5. Est-ce que le Conservateur a répondu à Granger?
6. Est-ce que Chantal aimait bien les deux garçons?
7. Est-ce que Jean-Pierre et Jacques ont suivi Granger?

D. *Trouvez dans la colonne de droite la meilleure définition des mots
de la colonne de gauche:*

1. un arrondissement	a. un quartier
2. une empreinte digitale	b. désolé
3. agité	c. un immeuble
4. navré	d. une marque de pied
5. pénétrer	e. entrer
6. doué	f. qui a du talent
	g. nerveux
	h. une marque de doigt
	i. sortir

E. *Choisissez le synonyme de chaque verbe indiqué:*

1. être convaincu: être navré / être agité / être sûr / être
   condamné
2. cacher: montrer / couvrir / casser / voler
3. rencontrer: raconter / appeler / suivre / croiser
4. attirer: habiller / entraîner / étonner / dessiner

5. être gêné: être mal à l'aise / être gentil / être authentique / être à l'aise

F. *Mettez les mots dans le bon ordre pour reconstituer ces deux phrases:*

1. versé / compte / gardien-chef / son / de l' / dernière / la / argent / a / semaine / le / sur
2. navré / interrogatoire / il / sincèrement / son / pendant / l'air / avait

G. *Composition: imaginez que vous êtes l'Inspecteur Granger. Composez sa conversation avec Chantal à la fin du chapitre.*

H. *Reconstituez les mots et trouvez le message:*

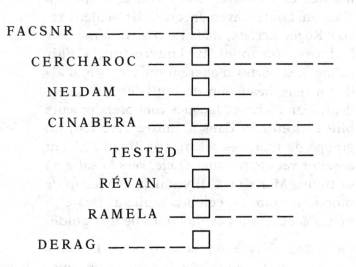

FACSNR _ _ _ _ _ ☐

CERCHAROC _ _ ☐ _ _ _ _ _ _

NEIDAM _ _ _ ☐ _ _

CINABERA _ _ ☐ _ _ _ _ _

TESTED ☐ _ _ _ _ _

RÉVAN _ ☐ _ _ _

RAMELA _ ☐ _ _ _ _

DERAG _ _ _ _ ☐

Le message: Le vol de la Joconde serait un véritable ____ .

[La solution se trouve à la fin du livre.]

Le lendemain, mercredi, après le départ
matinal de sa tante, Jean-Pierre se prépare à
aller au Louvre avec Jacques. Ils veulent revoir Roger Leroux, mais ils veulent aussi voir
5 la fausse Joconde! Au Louvre tout a l'air
calme. Les portes n'ouvrent qu'à 9 h 45, mais
il y a déjà beaucoup de touristes qui attendent. Jean-Pierre et Jacques vont prendre leurs
billets et entrent dans le musée avec tout un   le billet *ticket*
10 groupe de touristes allemands. Ils se dirigent
aussitôt vers le premier étage, vers la salle où
se trouve Mona Lisa. Il y a déjà beaucoup de
monde autour du célèbre tableau. Des étudiants écoutent les explications de leur guide.

15 LE GUIDE: Voyez, ici, la marque de Léonard
de Vinci et, bien sûr, le sourire énigma-   le sourire *smile*
tique, unique, jamais reproduit.

Jean-Pierre et Jacques ont un peu envie de
rire au «jamais reproduit». Ils doivent pour-
20 tant admettre que le faux tableau est excellent. Ils ne voient absolument aucune diffé-

58

rence avec l'original. (Il faut bien dire que ni
Jean-Pierre ni Jacques n'ont l'habitude d'aller
souvent dans les musées!)

25   Près d'une des portes qui communiquent
avec les deux salles voisines, leur ami, Roger
Leroux, leur fait un petit signe.

JACQUES: Salut, comment ça va?

ROGER LEROUX: Aujourd'hui c'est moins en-
30   nuyeux que de coutume. Tous ces gens qui
s'extasient. . . S'ils savaient! Regardez, là-
bas, au fond, deux inspecteurs en civil.

JEAN-PIERRE: Il est un peu tard maintenant!

JACQUES: Alors, voilà les deux portes qui se
35   ferment automatiquement si quelqu'un
touche au tableau?

ROGER LEROUX: Normalement, oui. L'a-
larme n'a pas marché.

JEAN-PIERRE: Comment ont-ils pu la sortir
40   du musée?

ROGER LEROUX: Ça, ce n'est pas facile, il y a
des gardes partout!

JACQUES: Est-ce qu'il y a des sorties secrètes?

ROGER LEROUX: Bien sûr! Vous savez, le
45   Louvre, c'est un ancien palais, il y a plein
d'escaliers dérobés et de portes secrètes.
Mais dites, si vous voulez voir, venez à la
fermeture, à 17 heures, je ne suis pas
pressé!

50   JACQUES: On a le droit de visiter?

ROGER LEROUX: Oh, le droit. . . le droit. . .
vous savez, moi. . .

À ce moment Jacques remarque un vieux
monsieur qui s'approche discrètement de la
55   Joconde.

JACQUES: Jean-Pierre, regarde, Lavallière!

ennuyeux / f.
ennuyeuse *boring*

la sortie *exit*

plein de = beaucoup
de
dérobé *hidden*

la fermeture *closing*

le droit *right*

ROGER LEROUX: Ah, ce vieux fou, c'est un
habitué. Il est toujours fourré ici.

être fourré *(colloquial)*
to hang around

60   Lavallière reste immobile devant le tableau, un petit sourire au coin des lèvres.

JEAN-PIERRE: Regarde-le, il sait, on voit qu'il
sait!

JACQUES: Viens, le voilà qui repart, il faut le
suivre.

65   JEAN-PIERRE: À ce soir, Monsieur Leroux, 17
heures, sans faute.

sans faute *by all
means*

ROGER LEROUX: D'accord, les garçons, et
bonne chasse!

la chasse *hunt*

Exercices

A.   **Vrai** *ou* **faux?** *Dites si la phrase suivante est vraie. Si elle est
fausse, donnez la bonne réponse:*
   1. Jean-Pierre et Jacques vont au Louvre le mercredi.
   2. Les portes ouvrent à neuf heures et quart.
   3. La salle où est Mona Lisa est au deuxième étage.
   4. Mona Lisa est célèbre à cause de son sourire.
   5. Jean-Pierre remarque beaucoup de différences entre le
vrai et le faux tableau.
   6. Le Louvre est un ancien palais.
   7. Jean-Pierre et Jacques vont retrouver Roger Leroux à six
heures du soir.
   8. Jacques et Jean-Pierre vont suivre Lavallière.

B. *Choisissez la proposition qui complète le mieux la phrase:*

1. Jean-Pierre et Jacques ont envie de rire quand le guide
   (a) parle du sourire de la Joconde.
   (b) dit que c'est un tableau célèbre.
   (c) dit que son sourire n'a jamais été reproduit.

2. Roger Leroux trouve qu'aujourd'hui c'est moins ennuyeux que d'habitude parce que
   (a) les gens s'extasient devant le tableau sans savoir que c'est un faux.
   (b) il y a des touristes allemands.
   (c) ses amis Jacques et Jean-Pierre sont là.

3. Il y a beaucoup de sorties secrètes au Louvre
   (a) pour protéger les tableaux.
   (b) parce qu'il y a des gardes partout.
   (c) parce que c'est un ancien palais.

4. Roger Leroux va faire visiter les escaliers dérobés et les portes secrètes aux deux garçons
   (a) parce qu'il en a le droit.
   (b) parce qu'il fait ce qu'il veut.
   (c) parce que c'est son métier.

5. Lavallière regarde le tableau avec un petit sourire au coin des lèvres
   (a) parce qu'il est amoureux de Mona Lisa.
   (b) parce qu'il sait que c'est un faux.
   (c) parce qu'il veut imiter le sourire de la Joconde.

C. *Trouvez dans le texte une autre façon de dire:*

1. Les portes ouvrent seulement à 9 h 45.
2. Jean-Pierre et Jacques n'ont pas l'habitude d'aller au musée.
3. Ils ne voient pas de différence avec l'original.
4. C'est plus intéressant que d'habitude.
5. Ils marchent vers le premier étage.
6. La salle qui est à côté.
7. Quand le musée ferme.
8. Il vient près du tableau.
9. Il est tout le temps ici.

D. *Mettez le verbe dans la phrase qui convient. Utilisez le présent de l'indicatif:*

s'approcher	se fermer	se réveiller
se diriger	se lever	se trouver
s'extasier	se préparer	

1. La Joconde ____ au premier étage.
2. Nous ____ à aller au musée.
3. Les deux garçons ____ vers la salle où est la Joconde.
4. Pourquoi est-ce que tu ____ devant ce tableau? C'est un faux!
5. Pour bien voir le tableau, vous ____ très près.
6. Les portes ____ automatiquement quand on touche au tableau.
7. Le matin, je ____ à 8 heures.
8. Jean-Pierre ____ parce que le téléphone sonne.

E. *Avez-vous compris l'histoire jusqu'à présent?*

1. Qui est Roger Leroux?
2. Qui est le suspect numéro un pour l'Inspecteur Granger?
3. Pourquoi est-ce que le Conservateur n'est pas au-dessus de tout soupçon?
4. Pourquoi les deux garçons ont-ils voulu devenir amis avec Roger Leroux?
5. Quelles sont les deux choses qu'il fallait pour désamorcer l'alarme?
6. La Joconde a été volée, mais qu'est-ce que les voleurs n'ont pas pris?
7. Pourquoi est-ce que le gouvernement décide de ne rien dire à la presse?
8. Pourquoi est-ce que le gardien-chef est aussi un suspect?
9. Pourquoi est-ce que Jean-Pierre et Jacques s'occupent de cette enquête?
10. Le Louvre est un ancien palais, pourquoi est-ce que c'est important?

F. *Trouvez la meilleure définition des mots indiqués:*

1. le guide
2. un palais
3. un escalier
4. la chasse
5. un billet

a. un chien pour les aveugles
b. un petit papier qui prouve que vous
   avez payé
c. un pavillon
d. un château
e. un assemblage de marches
f. la poursuite
g. quelqu'un qui vous explique ce que
   vous regardez

G. *Culture. Mona Lisa est célèbre dans le monde entier à cause de son sourire. Cherchez à votre bibliothèque pourquoi les œuvres suivantes aussi sont connues dans tous les pays:*

1. **Guernica** de Pablo Picasso.
2. **Les Nénuphars** de Monet.
3. **Le Grand Mur** de Chine.
4. **Le Sphinx** d'Egypte.
5. **Le Taj Mahal.**
6. **La Tour Eiffel.**
7. **La Vénus de Milo.**

H. *Dialogue. À la sortie de la salle où se trouve la Joconde, Jean-Pierre et Jacques s'approchent de Lavallière et ils lui posent des questions. Imaginez les réponses du vieux monsieur:*

1. JEAN-PIERRE: Excusez-moi, Monsieur, pourquoi avez-vous souri devant la Joconde?
   LAVALLIÈRE: ____
2. JACQUES: Impossible! Qu'est-ce qui vous fait penser à cela?
   LAVALLIÈRE: ____
3. JEAN-PIERRE: Alors où est la vraie Joconde?
   LAVALLIÈRE: ____
4. JACQUES: Qu'est-ce que vous donneriez pour revoir le vrai tableau?
   LAVALLIÈRE: ____
5. JACQUES: Merci, Monsieur. Et bonne chance.
   LAVALLIÈRE: ____

I.   *Trouvez les contraires et mettez-les dans la grille au bon endroit:*

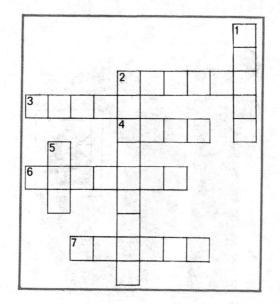

1. jeune
2. vraie / ouverture
3. agité

4. pleurer
5. tard

6. rarement
7. entrer

[La solution se trouve à la fin du livre.]

Il est midi et demi et Jean-Pierre sait que sa tante déjeune souvent au «Caveau du Palais», un petit restaurant de la Place Dauphine, derrière la Sûreté. En effet, sa petite voiture rouge est garée, mal comme d'habitude, presque devant le restaurant.

le caveau *cellar*

JEAN-PIERRE: Hep, Chantal.

CHANTAL: Encore vous!

JACQUES: Viens vite, c'est important.

CHANTAL: Bon, venez, j'ai fini de manger de toutes façons.

JEAN-PIERRE: On a vu Lavallière au Louvre ce matin, devant la fausse Joconde. On l'a suivi et il est allé chez un antiquaire de la rue du Bac.

CHANTAL: Rien de drôle puisqu'il est collectionneur.

JACQUES: Oui, mais on a aussi vu la voiture officielle du Conservateur du Louvre garée
20   pas loin!

CHANTAL: S'ils se sont vus, on va le savoir, le Conservateur est suivi par nos hommes. Mais moi, j'ai une autre nouvelle. Z a été reconnu à Nice alors qu'il se dirigeait vers
25   la frontière italienne.

la nouvelle (piece) of news

JEAN-PIERRE: Il a été arrêté?

CHANTAL: Non, le patron espère qu'il va nous mener au tableau.

JACQUES: Et ses complices?

le complice accomplice

30 CHANTAL: On pense qu'ils vont se retrouver en Italie et aller en Grèce.

JEAN-PIERRE: Pourquoi en Grèce?

CHANTAL: Parce que Z a une maison sur l'île de Keffalinia.

35 JACQUES: Et le gardien-chef?

CHANTAL: On le suit discrètement. On ne sait toujours pas d'où viennent les 500 000 euros, mais je suppose que çe ne va pas tarder.

tarder to take long

40 JEAN-PIERRE: Nous, on retourne au Louvre ce soir. Notre ami, le garde, va nous montrer les escaliers dérobés.

CHANTAL: Oui, j'ai vu ça hier. Le patron est persuadé que c'est par là qu'ils ont fait
45   sortir le tableau.

JEAN-PIERRE: Mais comment?

CHANTAL: Un des escaliers mène au pavillon Mollien qui a une sortie sur le Quai des Tuilleries.

50 JACQUES: Tu veux dire, la même petite porte secrète?

CHANTAL: Oui, celle-là. Si c'est Z qui a fait le coup, il a des amis partout dans Paris.

faire le coup (colloquial) to be guilty

JEAN-PIERRE: Et Lavallière? Et sa rencontre
55   avec le Conservateur? Qu'est-ce que tu en
         fais?

CHANTAL: Je ne sais pas, on verra ce soir.
         Faites quand même attention!

JACQUES: Ne t'inquiète pas pour nous, on sait
60   ce qu'on fait!

Exercices

A.   Vrai *ou* faux? *Dites si la phrase suivante est vraie. Si elle est fausse, donnez la bonne réponse:*

1. Le «Caveau du Palais» est un café.
2. Chantal est garée loin du restaurant.
3. Le Conservateur est suivi par les détectives de la Sûreté.
4. Z a été reconnu en Italie.
5. Z a une maison en Grèce.
6. L'Inspecteur Granger n'a pas vu les escaliers dérobés du Louvre.
7. On peut sortir du Louvre directement sur le Quai des Tuilleries.
8. Chantal ne s'inquiète pas pour les deux garçons.

B.   *Choisissez la proposition qui complète le mieux la phrase:*

1. Jean-Pierre va au «Caveau de Palais»
    (a) parce qu'il a faim.
    (b) pour voir sa tante.
    (c) parce qu'il a soif.

2. Z a été reconnu à Nice pendant qu'il
    (a) allait vers l'Italie.
    (b) vendait le tableau.
    (c) mangeait dans un restaurant.

3. L'Inspecteur Granger pense que Z et ses complices vont en Grèce
    (a) parce qu'ils aiment les îles.
    (b) pour verser 50 000 euros sur son compte.
    (c) parce que Z a une maison sur une île en Grèce.

4. L'Inspecteur Granger pense que les voleurs ont fait sortir le tableau du Louvre
    (a) par la porte principale.
    (b) par les escaliers cachés.
    (c) par une voiture officielle.

5. Jacques dit à Chantal de ne pas s'inquiéter pour eux
    (a) parce qu'ils vont voir Roger Leroux.
    (b) parce qu'ils vont rencontrer le Conservateur.
    (c) parce qu'ils savent ce qu'ils font.

C.   *Mettez le pronom relatif qui convient dans chaque phrase:*

à qui	avec qui	ce qui	que
avec laquelle	ce que	où	qui

1. C'est certainement Z ＿＿ a fait le coup.
2. Keffalinia, c'est l'île ＿＿ Z a une maison.
3. Moi, je sais ＿＿ je fais!
4. Est-ce que c'est l'homme ＿＿ tu as téléphoné?
5. Voilà la voiture ＿＿ le Conservateur est allé voir Lavallière.
6. Le garde ＿＿ Jean-Pierre et Jacques parlaient s'appelle Roger Leroux.
7. Je ne sais vraiment pas ＿＿ se passe.
8. La voiture rouge ＿＿ tu vois devant le restaurant est à Chantal.

D. *Trouvez dans le texte le mot qui complète la phrase:*

1. Il est allé ____ un antiquaire.
2. Z va nous ____ au tableau.
3. Ils vont ____ en Italie.
4. Je suppose que ça ne va pas ____ .
5. J'ai une autre ____ à vous annoncer.
6. Le garde va nous montrer les ____ dérobés.
7. Le pavillon Mollien a une ____ sur le Quai des Tuilleries.
8. Z a des amis ____ dans Paris.

E. *Trouvez la question qui correspond à la réponse:*

1. Parce que j'ai une maison de campagne.
2. À 6 heures.
3. Par une porte secrète.
4. Pour manger le déjeuner.
5. Jusqu'à midi.
6. Oui, c'est ça.
7. Mais si!

a. Tu ne veux pas manger?

b. Depuis quand est-elle ici?

c. Pourquoi vas-tu en Grèce?

d. Comment ont-ils sorti le tableau?

e. Tu veux dire qu'ils se sont rencontrés au Louvre?

f. Est-ce que tu aimes les musées?

g. Pourquoi est-elle au restaurant?

h. Tu seras au musée jusqu'à quelle heure?

i. Quand avez-vous rendez-vous?

F. *Reconstituez ces deux phrases. Ajoutez les articles quand c'est nécessaire, faites les accords et conjuguez les verbes au passé composé:*

1. ils / faire sortir / tableau / par / petit / porte / secret
2. inspecteur / interroger / gardes / parce que / Joconde / être volé

G. *Dialogue. Vous êtes agent de police à Paris et vous voulez donner une contravention à Chantal parce qu'elle a pris un sens interdit:*

1. L'AGENT: ____
   CHANTAL: Mais je travaille pour la Sûreté, Monsieur!
2. L'AGENT: ____
   CHANTAL: Je sais, mais je suis pressée!
3. L'AGENT: ____
   CHANTAL: Mais vous ne pouvez pas, je travaille pour la police!
4. L'AGENT: ____
   CHANTAL: D'accord, n'importe quoi.
5. L'AGENT: ____

H. *Êtes-vous un bon détective? Dans ce puzzle il y a 20 mots cachés. Ces mots sont dans les 10 premiers chapitres de ce livre. Il y a 6 noms propres, 11 noms communs, 1 préposition, 1 adjectif et 1 participe passé. Si vous trouvez 13 mots, vous êtes un bon détective. Si vous trouvez 17 mots, vous êtes un excellent détective. Si vous trouvez 20 mots, vous êtes un super-détective! Attention, super-détectives: 5 lettres ne servent à rien. Avec ces 5 lettres, trouvez le nom de l'endroit où se passe l'histoire du «Vol de la Joconde»!*

G	R	A	N	G	E	R	P	D
A	L	V	E	É	S	U	M	É
R	J	O	C	O	N	D	E	T
D	E	L	U	A	M	I	S	E
I	R	E	A	V	D	V	U	C
É	I	R	U	E	R	R	F	T
N	R	O	G	E	R	E	E	I
B	U	U	O	F	L	R	I	V
A	O	X	S	C	H	E	Z	E
C	S	U	S	P	E	C	T	S

[La solution se trouve à la fin du livre.]

À 16 h 45 nos amis se retrouvent avec le garde qui annonce: «Mesdames et Messieurs, le musée ferme dans cinq minutes». Il est tout heureux de voir les deux garçons.

5 ROGER LEROUX: Ah, voilà nos détectives en herbe.

l'herbe *(f.) grass:* en herbe *budding*

  JEAN-PIERRE: On peut aller voir les escaliers secrets?

  ROGER LEROUX: Mais oui, venez par ici.

10 Il précède les deux garçons par une petite porte et les voilà dans des couloirs assez obscurs.

le couloir *hallway, corridor*

  JACQUES: C'est un vrai dédale!

le dédale *maze*

  JEAN-PIERRE: On pourrait se perdre.

15 ROGER LEROUX: Par ces couloirs on peut aller d'un bout du Louvre à l'autre. C'était le principe de tous les châteaux, vous savez, les Tuilleries, Versailles et d'autres. De cette façon personne n'avait
20 besoin de sortir en cas de mauvais temps.

  JACQUES: Et le roi pouvait s'échapper en cas de révolution!

ROGER LEROUX: Ah, bravo, vous connaissez l'histoire de France!

25 JEAN-PIERRE: Mais alors, quelqu'un pourrait facilement se cacher tout la journée et attendre que la nuit tombe?

ROGER LEROUX: Oui, mais il y a des rondes de nuit.

la ronde de nuit night watch

30 JACQUES: À heures fixes?

ROGER LEROUX: Oui, toutes les deux heures.

JEAN-PIERRE: Est-ce que nous sommes loin du pavillon Mollien?

ROGER LEROUX: Non, pourquoi?

35 JEAN-PIERRE: On peut y aller?

ROGER LEROUX: Pourquoi pas?

Ils se dirigent vers un petit escalier à droite, prennent un couloir interminable, un autre escalier et un autre long couloir à gauche.

40 ROGER LEROUX: Voilà, le pavillon Mollien est au fond.

JEAN-PIERRE: Et, cette porte, en bas, qu'est-ce que c'est?

ROGER LEROUX: Ça, c'est la Réserve.

45 JACQUES: La Réserve?

ROGER LEROUX: C'est là qu'on garde des tableaux qu'on n'a pas la place d'exposer, Tenez!

Roger Leroux descend trois marches et
50 ouvre une porte. On peut voir une grille sur laquelle est marqué: «Réserve des Musées de France, Conservatoire de Paris».

la grille iron gate

ROGER LEROUX: Bon, venez, voilà la sortie.

JEAN-PIERRE: Et bien, Monsieur Leroux,
55   merci de la visite.

JACQUES: Mais, on pourrait peut-être aller voir la. . .

JEAN-PIERRE: Viens, viens, tu sais bien qu'on a rendez-vous. . .

60 JACQUES: Rendez-vous? Ah, oui, je comprends. . . rendez-vous, c'est vrai, au revoir, Monsieur, et encore merci.

ROGER LEROUX: De rien, de rien, au plaisir, les enfants.   au plaisir *good-bye*

65 Dans la cour du musée, Jacques s'étonne.

JACQUES: Mais, qu'est-ce qui te prend?

JEAN-PIERRE: Chut, viens, j'ai une idée.   chut *shsh*

Exercices

A. Vrai *ou* faux? *Dites si la phrase suivante est vraie. Si elle est fausse, donnez la bonne réponse:*

1. Le Louvre ferme à 16 h 45.
2. Les deux garçons retrouvent Roger Leroux.
3. Il y a beaucoup de couloirs au Louvre parce que c'est un musée.
4. La nuit, des gardes surveillent le musée et font des rondes toutes les deux heures.
5. La Réserve est en haut du musée.
6. C'est dans la Réserve qu'on expose les tableaux les plus importants.
7. Jean-Pierre voudrait aller dans la Réserve mais Jacques dit qu'ils ont rendez-vous.
8. Jean-Pierre a une idée.

B. *Choisissez la proposition qui complète le mieux la phrase:*

1. Il y a beaucoup de couloirs dans les châteaux
   (a) pour éviter la révolution.
   (b) pour n'avoir pas besoin de sortir s'il pleuvait.
   (c) pour les transformer en musée.

2. Les rondes de nuit sont
   (a) à heures irrégulières.
   (b) toutes les deux heures.
   (c) de temps en temps.
3. La Réserve, c'est l'endroit où l'on
   (a) garde les tableaux.
   (b) transforme les tableaux.
   (c) vend les tableaux.
4. Jean-Pierre veut que les deux garçons sortent vite
   (a) parce qu'il a peur de Roger Leroux.
   (b) parce qu'il a une idée.
   (c) parce qu'il veut être poli avec Roger Leroux.

C. *Répondez au négatif avec les pronoms* **en** *ou* **y***:*

EXEMPLES: Tu es allé à Paris?
  Non, je n'y suis pas allé, mais je voudrais y aller.
  Tu as acheté des tableaux?
  Non, je n'en ai pas acheté, mais je voudrais en acheter.

1. Tu as vu des détectives?
2. Tu as mangé du chewing-gum?
3. Tu es entré au musée?
4. Tu as trouvé de l'argent?
5. Tu as eu des idées?
6. Tu es monté en haut de la Tour Eiffel?
7. Tu es descendu à la Réserve?
8. Tu as entendu de la bonne musique?

D. *Donnez le contraire:*

EXEMPLE: Il est près du pavillon Mollien.
  Non, il est loin du pavillon.

1. Ils habitent en bas de l'immeuble.
2. Il faut tourner à droite.
3. Le tableau est sous la table.
4. C'est vrai.
5. Il parle encore.

6. Tu vas toujours en Grèce.
7. Elle est derrière Jean-Pierre.
8. C'est pour sortir en cas de beau temps.

E. *Mettez la préposition qui convient:*

à	au	dans	sur
à la	aux	en	vers
après	chez	sous	

1. Ils vont _____ Louvre.
2. Je suis _____ mon cousin.
3. Z va _____ Grèce.
4. Il y a quelque chose d'écrit _____ la porte.
5. Cette histoire se passe _____ Paris.
6. Ils ne sont pas allés _____ la voiture de Granger.
7. Nous nous dirigeons _____ le musée.

F. *Trouvez la meilleure définition pour les expressions suivantes:*

1. Des détectives en herbe sont (à la campagne / des jeunes qui apprennent).
2. Un couloir interminable, c'est un couloir (qui n'en finit pas / très court).
3. En cas de révolution, c'est-à-dire (pour éviter / s'il y a) une révolution.
4. La Réserve c'est (la bibliothèque / la pièce où l'on garde des tableaux).
5. Avoir rendez-vous avec quelqu'un, c'est (avoir une maison à la campagne / rencontrer quelqu'un).
6. «Il précède» veut dire (il marche derrière / il marche devant).

G. *Culture: racontez ce que vous savez sur le Louvre.*

H. *Avec les lettres suivantes vous pouvez faire plusieurs mots. Si vous pouvez faire 10 mots, vous êtes un bon détective! Si vous pouvez faire 15 mots, vous êtes un excellent détective! Si vous pouvez faire 20 mots, vous êtes un super-détective!*

1. NIRVUELO
2. RHAEINEMTUOS
3. TESVZRLIALCES

Ce soir-là, Chantal rentre tôt, exaspérée.

CHANTAL: Ça va mal.

JEAN-PIERRE: Quoi?

CHANTAL: L'enquête piétine. Rien de nou-
5   veau sur Z, mais ses deux complices sont
       aussi en Italie.

piétiner to walk in place; here: to go nowhere

JACQUES: On a vu les escaliers dérobés et les
       couloirs secrets. C'est vraiment facile de
       s'y cacher pendant la journée!

10   CHANTAL: Oui, c'est bien beau tout cela. . .
       mais il y a déjà 48 heures que la Joconde
       a été volée et on ne l'a pas encore retrou-
       vée! Si quelqu'un se rend compte que c'est
       un faux, c'est le scandale du siècle et le
15   déshonneur de la Sûreté!

JEAN-PIERRE: Et bien, moi, j'ai une idée.
       Vous vous souvenez des rencontres entre
       Lavallière et le Conservateur?

JACQUES: Et que le Conservateur a caché ces
20   rencontres. . .

CHANTAL: C'est vrai.

JEAN-PIERRE: Et bien, si c'est eux qui ont fait le coup, Mona Lisa est peut-être encore au Louvre!

25   CHANTAL: Mais non, le tableau est un faux, c'est absolument certain.

JEAN-PIERRE: Je sais, je veux dire qu'il est peut-être quelque part dans le musée, par exemple, à la Réserve. . .

30   JACQUES: La petite porte qu'on a vue? Oui, d'accord, mais alors, pourquoi la voler?

CHANTAL: Impossible, la Réserve a été fouillée le premier jour par le patron lui-même.

fouiller to search

JACQUES: À quel moment est-ce que la subs-

35   titution a été découverte?

CHANTAL: Le lundi soir, quand le Conserva-teur et le gardien-chef ont fait leur tour-née, comme ils font tous les deux jours.

faire la tournée to make the rounds

JEAN-PIERRE: Le cadre n'a pas été changé,

40   n'est-ce pas?

CHANTAL: Non, c'est le même.

JACQUES: Les voleurs l'ont donc enlevé du cadre.

enlever to remove

JEAN-PIERRE: C'est à dire qu'on ne sait pas

45   exactement quand le tableau a été volé. C'était peut-être le dimanche! Et bien, moi, je voudrais retourner à la Réserve.

JACQUES: Mais enfin, dis-moi pourquoi le Conservateur et le gardien-chef vou-

50   draient voler la Joconde et ensuite la lais-ser au Louvre.

CHANTAL: De toutes façons, Jean-Pierre, tu es complètement fou, la Réserve a été fouillée, et bien fouillée, je peux vous le

55   dire, le patron sait ce qu'il fait!

JEAN-PIERRE: Peut-être. Mais moi, je vou-
    drais y retourner quand même.

JACQUES: Comment?

JEAN-PIERRE: En faisant à l'envers ce qu'on   à l'envers *backwards,*
60   a fait pour sortir quand Monsieur Leroux   *in reverse*
    nous a amenés au pavillon Mollien.

Ils sont interrompus par la sonnerie du   la sonnerie *ringing*
téléphone. Après quelques minutes Chantal
revient:

65   CHANTAL: Lavallière est à l'hôpital. Il a es-   se suicider *to kill*
    sayé de se suicider.   *oneself*

Exercices

A. **Vrai** *ou* **faux?** *Dites si la phrase suivante est vraie. Si elle est fausse, donnez la bonne réponse:*

1. Chantal est exaspérée parce qu'ils n'ont pas encore attrapé le voleur.
2. Jean-Pierre pense que Lavallière et le Conservateur n'ont pas pu faire le coup.
3. Jean-Pierre pense que le tableau est peut-être dans un escalier dérobé.
4. L'Inspecteur Granger a bien fouillé la Réserve le premier jour.
5. La substitution du faux tableau pour le vrai a été découverte le mardi soir.
6. Les voleurs ont laissé le cadre.
7. Jean-Pierre pense qu'on est absolument certain quand la Joconde a été volée.
8. Lavallière est à l'hôpital parce qu'il a voulu mourir.

B. *Choisissez la proposition qui complète le mieux la phrase:*

1. Chantal est exaspérée parce que
   (a) l'enquête piétine.
   (b) elle est rentrée tôt.
   (c) Z est en Italie.
2. Jean-Pierre pense que la Joconde est peut-être
   (a) chez le Conservateur.
   (b) encore au Louvre.
   (c) chez Lavallière.
3. Chantal pense que Mona Lisa n'est pas cachée à la Réserve
   (a) parce que son patron n'a pas vu la Réserve.
   (b) parce que son patron a enlevé le cadre lui-même.
   (c) parce que son patron a bien cherché dans la Réserve.
4. Jean-Pierre veut retourner à la Réserve
   (a) parce que Lavallière est à l'hôpital.
   (b) pour chercher le tableau.
   (c) pour voir Roger Leroux.

C. *Faites l'accord du participe passé si c'est nécessaire:*

1. La Joconde, on ne l'a pas encore retrouvé__ .
2. Jean-Pierre et Jacques, je ne les ai pas vu__ .
3. Regarde les tableaux qu'il a caché__ .
4. C'est la petite porte que nous avons vu__ .
5. C'est le tableau qu'ils ont volé__ .
6. Voilà les trois pièces que j'ai fouillé__ .
7. C'est la voiture rouge que Chantal a acheté__ .
8. Voilà le musée que nous avons visité__ .

D. *Répondez aux questions suivant l'exemple:*

EXEMPLE: C'est toi qui as fait cela?
           Oui, j'ai fait cela moi-même.

1. C'est lui qui a fouillé la Réserve?
2. C'est elle qui a conduit?
3. Ce sont eux qui sont retournés au musée?
4. C'est vous qui voulez voir la Réserve?
5. C'est toi qui as apporté ce chewing-gum?
6. Ce sont elles qui visiteront le musée?
7. C'est lui qui est allé à l'hôpital?

E. *Trouvez dans la colonne de gauche le contraire des mots de la colonne de droite:*

1. cacher
2. enlever
3. à l'envers
4. c'est certain
5. se rendre compte

a. ôter
b. c'est sûr
c. c'est faux
d. mettre
e. à l'endroit
f. montrer
g. ne pas comprendre
h. chercher
i. fouiller

F. *Mettez les mots dans le bon ordre pour poser une question:*

1. a / substitution / découverte / quel / est-ce / la / que / été / moment / à
2. Jean-Pierre / Réserve / à / veut / que / pourquoi / la / est-ce / retourner
3. les / enlevé / cadre / voleurs / est-ce / ont / le / que

G. *Mots croisés:*

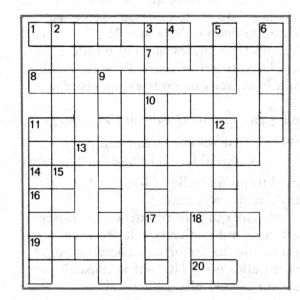

HORIZONTALEMENT

1. Jean-Pierre pense que la Joconde est peut-être dans la
   ____ .
7. Le Louvre a beaucoup de couloirs parce que c'est un ____
   château.
8. Les voleurs ont pris Mona Lisa mais ils n'ont pas pris le
   ____ .
10. Il y a quelque chose d'écrit ____ la grille qui va à la
    Réserve.
11. Les détectives n'ont pas encore trouvé ____ voleur.
13. Le patron a voulu ____ la Réserve le premier jour.
14. Jacques trouve qu'____ s'amuse bien à être détective.
16. Jean-Pierre n'aime pas aller dans la voiture de ____
    tante.
17. Je ne comprends pas, qu'est-ce que vous ____ ?
19. Il faut ____ malade pour aller à l'hôpital.
20. Chantal, qu'est-ce que ____ veux?

VERTICALEMENT

2. Mona Lisa est dans une salle au premier ____ du musée.
3. Je ne sais pas où il ____ .
4. Cette histoire se passe ____ France.
5. Il parle espagnol, je ne comprends pas ce qu'il ____ .
6. Jean-Pierre va en vacances chez sa tante chaque ____ .
9. Jean-Pierre veut absolument ____ à la Réserve.
10. Lavallière a voulu se ____ .
11. Jean-Pierre pense que le Conservateur et le gardien-chef
    ont peut-être voulu ____ Mona Lisa au Louvre.
12. Roger Leroux se moque des deux détectives en ____ .
15. Mona Lisa, c'est ____ Joconde.
18. Ce soir-là Chantal rentre ____ chez elle.

[La solution se trouve à la fin du livre.]

H. *Dialogue. Imaginez que la presse a découvert le vol de la Joconde. Vous êtes journaliste. Complétez la conférence de presse
suivante avec les questions des journalistes:*

1. JOURNALISTE: ____
   LE CONSERVATEUR: Le lundi soir, quand j'ai fait la
   tournée avec le gardien-chef.

2. JOURNALISTE: ＿＿
   LE CONSERVATEUR: Non, ils ont laissé le cadre.
3. JOURNALISTE: ＿＿
   LE CONSERVATEUR: Impossible, on a fouillé la Réserve le premier jour.
4. JOURNALISTE: ＿＿
   LE CONSERVATEUR: Le collectionneur d'art? Ben, je le connais depuis longtemps.

Le jeudi matin Jean-Pierre décide de poursuivre son idée. Les deux amis se retrouvent à la petite porte du pavillon Mollien. Un appareil-photo en bandoulière, une carte de Paris devant eux, assis devant la porte, ils représentent deux parfaits touristes qui organisent leur journée. Il est 8 h 30. Comme l'a prévu Jean-Pierre, la porte s'ouvre pour laisser passer quatre femmes — des femmes de ménage sans aucun doute. Elles ne voient pas la baguette de bois que Jean-Pierre glisse au bas de la porte, et que la porte ne se ferme pas vraiment.

Les deux garçons entrent vite en regardant à droite et à gauche. Il n'y a personne. Il leur est très facile de retrouver les trois marches qui descendent à la Réserve. Surprise: la porte est fermée à clef!

JACQUES: C'était à prévoir, espèce d'idiot!

JEAN-PIERRE: Idiot toi-même, j'ai pris le passe-partout de Chantal!

poursuivre *to follow, pursue*

l'appareil-photo *(m.) camera*
la bandoulière *shoulder strap;* en bandoulière *slung over the shoulder*

la femme de ménage *cleaning woman*
la baguette de bois *wooden stick*
glisser *to slide*

espèce d'idiot *you fool*

le passe-partout *master key*

Et c'est ainsi qu'ils se trouvent dans un im-   le sous-sol *basement*
mense sous-sol éclairé par quelques faibles
néons.

25 JEAN-PIERRE: Allez, on cherche partout. On
      reste ensemble.

Les tableaux, des anciens et des modernes,   le casier *rack*
sont dans de grands casiers verticaux.

JACQUES: Qu'est-ce qu'il y en a!

30 JEAN-PIERRE: Et regarde plus haut. . . Il va
      nous falloir des heures pour voir tout. . .

Consciencieusement ils cherchent chaque
casier. Pas de Mona Lisa.

JEAN-PIERRE: N'oublions pas que c'est un
35   tableau assez petit et que le cadre a été
      enlevé.

JACQUES: Donc, si c'est seulement la toile,   la toile *canvas*
      elle a peut-être été roulée.

Après deux heures les deux garçons sont dé-
40 couragés.

JEAN-PIERRE: Je crois que ma tante a raison,
      je me suis trompé!

JACQUES: Bon, alors on part, j'ai un peu la   avoir la trouille
      trouille!   *(colloquial) to be*
                                                  scared

45 Ils remontent avec précaution, quand, tout
à coup, une figure noire leur barre le passage.
C'est un homme masqué qui braque un re-   braquer *to point*
volver dans la direction des deux garçons
complètement effrayés.

50 L'HOMME: Partez! Sortez de ce musée, vous
      n'avez rien à faire ici! Partez immédiate-
      ment.

JACQUES: Mais, qui, qui êtes-vous?

L'HOMME: Peu importe qui je suis! Si vous
55   tenez à la vie, ne remettez jamais les pieds   tenir à *to value*
      dans la Réserve! Ou alors. . .

D'un geste menaçant il montre son revolver   menaçant *threatening*
toujours braqué vers les deux garçons morts
de peur.

60   L'HOMME: Alors, vous avez compris? Que je
      ne vous y retrouve plus!

Sur ce, l'homme masqué se met à courir
dans le couloir, en direction de la sortie.
Jacques et Jean-Pierre sont tellement surpris,
65   tellement effrayés, qu'ils ne pensent pas à le
suivre avant quelques minutes. Finalement,
Jean-Pierre réagit le premier.

JEAN-PIERRE: Viens, il faut le suivre.
JACQUES: Qu'est-ce que j'ai eu peur! Je n'ai
70   jamais eu aussi peur de ma vie! Mais,
      maintenant que j'y pense, tu n'as pas
      remarqué?
JEAN-PIERRE: Remarqué quoi?
JACQUES: Sa voix, c'est drôle, j'ai l'impres-
75   sion que c'est une voix que j'ai déjà en-
      tendue quelque part. . .
JEAN-PIERRE: Viens donc au lieu de réflé-
      chir, il est sans doute trop tard pour le
      rattraper.

80   Effectivement, l'homme mystérieux a déjà
disparu quand nos deux amis arrivent à la petite porte du pavillon Mollien.

JACQUES: Je me demande où j'ai déjà en-
      tendu cette voix!

Exercices

A. **Vrai** *ou* **faux?** *Dites si la phrase suivante est vraie. Si elle est fausse, donnez la bonne réponse:*
1. Jacques et Jean-Pierre sont déguisés en touristes.
2. Il est 8 h 30 du soir.
3. La porte se ferme derrière les femmes de ménage.
4. Jean-Pierre ne peut pas ouvrir la porte de la Réserve.
5. Après deux heures de recherches ils sont découragés.
6. Quand ils sortent, un homme masqué braque un couteau vers eux.
7. L'homme leur dit de rester dans la Réserve.
8. Jacques a l'impression qu'il reconnaît la voix de l'homme masqué.

B. *Choisissez la proposition qui complète le mieux la phrase:*
1. Les deux garçons ont un appareil-photo
   (a) pour prendre des photos de la Réserve.
   (b) pour prendre des photos du Louvre.
   (c) pour faire croire que ce sont des touristes.
2. La Réserve est dans
   (a) un immense sous-sol.
   (b) un casier.
   (c) un passe-partout.
3. Après deux heures, les deux garçons sont découragés
   (a) à cause de l'homme masqué.
   (b) parce qu'ils n'ont rien trouvé.
   (c) parce qu'ils ont peur.
4. L'homme masqué
   (a) braque son revolver dans la direction des deux garçons.
   (b) tire sur les deux garçons avec son revolver.
   (c) menace son revolver.
5. L'homme ne veut pas qu'ils
   (a) quittent la Réserve.
   (b) prennent son revolver.
   (c) reviennent à la Réserve.

6. Quand ils réagissent et courent après lui, l'homme masqué
   (a) a une drôle de voix.
   (b) a déjà disparu.
   (c) entre par la petite porte du pavillon Mollien.

C. *Donnez un ordre négatif aux personnes suivantes:*

EXEMPLE: Dites à Jacques de ne pas revenir à la Réserve.
           Ne reviens pas à la Réserve!

1. Dites à l'homme masqué de ne pas courir.
2. Dites à Jacques et à Jean-Pierre de ne pas suivre l'homme.
3. Dites à l'homme masqué de ne pas être si méchant.
4. Dites à Jacques et à Jean-Pierre de ne pas avoir peur.
5. Dites aux détectives de ne pas aller voir Lavallière à l'hôpital.
6. Dites à Jean-Pierre de ne pas prendre le passe-partout de sa tante.

D. *Trouvez dans le texte les mots qui ont les définitions suivantes:*

1. Un objet qui sert à ranger des choses.
2. Les sons produits par une personne qui parle.
3. Un objet qui fait peur et sert à attaquer.
4. Une pièce qui est en bas de la maison.
5. Une clef qui ouvre toutes les serrures.
6. Le plan d'une ville ou d'un pays.
7. Un objet qui sert à prendre des photos.

E. *Choisissez le synonyme de chaque verbe indiqué:*

1. réfléchir: se rappeler / avoir froid / raconter / penser
2. disparaître: voir / partir / sembler / ressembler
3. prévoir: apercevoir / calculer / regarder / préméditer
4. se tromper: avoir tort / se rencontrer / se détester / avoir raison
5. être découragé: être content / perdre courage / perdre son temps / être persuadé

F. *Vous êtes le deuxième touriste dans ce dialogue à Paris. Complétez le dialogue:*

1. Alors, aujourd'hui, on va où?

_____

2. Et ensuite?
____

3. Est-ce qu'on peut manger en haut de la Tour Eiffel?
____

4. Super! Et l'après-midi?
____

5. C'est là qu'il y a Mona Lisa?
____

6. Génial! Vraiment, tu sais organiser la journée d'un parfait touriste!

G. *Des mots plein les mains. Trouvez les mots qui correspondent aux définitions et mettez les lettres dans les doigts:*

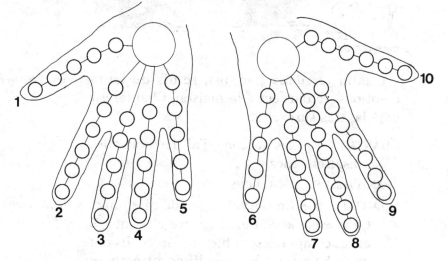

1. Un endroit où l'on habite.
2. Il faut en descendre trois pour aller à la Réserve.
3. On va à l'hôpital quand on est très ____ .
4. L'Inspecteur Granger aime ____ du chewing-gum.
5. Les deux garçons ont eu peur de l'homme ____ .
6. Les deux garçons ont eu trop peur pour ____ .
7. Le vol de la Joconde n'est pas un problème ____ , c'est un problème national.
8. Jean-Pierre dit à Jacques: «Viens donc au lieu de ____ », mais il est déjà trop tard!
9. L'homme masqué braque un ____ .
10. L'homme leur a dit de ne jamais revenir dans la ____ .
[La solution se trouve à la fin du livre.]

Quand les deux garçons, remis de leurs émotions, retournent à la maison, Chantal est déjà là, très surexcitée.

remis *recovered*

CHANTAL: Eh, les garçons, j'ai des nouvelles
5   sensationnelles!

JEAN-PIERRE: Ben, nous, . . .

CHANTAL: Le Conservateur a démissionné.
     Ça, c'est une chose, et l'autre c'est que Z
     et ses complices sont bien en Grèce! Ils ont
10   pris chacun un bateau différent pour se
     retrouver à l'île de Keffalinia.

démissionner *to resign*

JACQUES: Et bien, nous, on n'a rien trouvé à
     la Réserve mais. . .

JEAN-PIERRE: On a été attaqués par un
15   homme masqué!

CHANTAL: Quoi? Vous plaisantez?

plaisanter *to joke*

JACQUES: Pas du tout!

Les deux garçons lui racontent leur rencontre avec l'homme mystérieux. Chantal est
20 très surprise.

CHANTAL: C'est vraiment curieux. Si c'était quelqu'un du musée il n'avait pas besoin de se masquer!

25 JEAN-PIERRE: Il nous a bien dit de ne pas retourner à la Réserve!

CHANTAL: Mais je ne comprends pas... Si vous êtes sur la bonne piste, alors, le patron se trompe? C'est impossible! Il est tellement sûr de lui qu'il vient de partir 30 pour Athènes il y a une heure. Il est certain de trouver Mona Lisa à Keffalinia.

JACQUES: Mais comment l'ont-ils transportée?

CHANTAL: Facilement, n'oubliez pas qu'ils 35 n'ont pas pris le cadre. Rien de plus facile que de peindre par-dessus et de rouler la toile.

peindre *to paint*

JEAN-PIERRE: Peindre par-dessus? Qu'est-ce que tu veux dire?

40 CHANTAL: C'est un procédé très connu, une sorte de peinture de vinyl spéciale.

JACQUES: Et ça n'abîme pas le tableau?

abimer *spoil*

CHANTAL: Non, le vinyl se pèle comme un léger film de plastique.

se peler *to peel off*

45 JEAN-PIERRE: Mais alors!

JACQUES: Mais alors quoi?

JEAN-PIERRE: Si c'est Lavallière et le Conservateur qui ont fait le coup, la Joconde est peut-être à la Réserve!

50 JACQUES: Mais bien sûr, couverte par une autre peinture!

JEAN-PIERRE: C'est pour ça qu'on ne l'a pas vue.

CHANTAL: Oui, c'est tout à fait possible et 55 cela expliquerait votre mystérieux homme masqué...

JACQUES: Il faut y retourner!

CHANTAL: Mais le patron! Il est sûr que c'est
        Z!

60 JEAN-PIERRE: C'est peut-être lui quand
        même. . . De toutes façons quelqu'un veut
        nous empêcher de trouver quelque chose.   empêcher *to prevent*

JACQUES: Allez, on perd du temps. Viens,
        Chantal, avec ton passe on peut entrer au
65   musée à n'importe quelle heure.

CHANTAL: Oui, je crois que vous avez rai-
        son. . . On y va.

Exercices

A.   Vrai *ou* faux? *Dites si la phrase suivante est vraie. Si elle est fausse, donnez la bonne réponse:*

1. Z et ses complices sont encore en Italie.
2. Le Conservateur a démissionné.
3. Chantal n'est pas surprise quand les deux garçons lui racontent l'histoire de l'homme masqué.
4. L'Inspecteur Granger est allé en Grèce.
5. On ne peut pas peindre par-dessus un tableau sans l'abîmer.
6. Jean-Pierre et Jacques pensent que Mona Lisa est à la Réserve.
7. Chantal ne veut pas aller à la Réserve avec les deux garçons.

B.   *Choisissez la proposition qui complète le mieux la phrase:*

1. Quand les deux garçons rentrent à la maison, Chantal est surexcitée parce que
    (a) les garçons ont été attaqués par un homme masqué.
    (b) elle a des nouvelles sensationnelles.
    (c) elle a trop d'émotions.

  2. L'Inspecteur Granger est allé en Grèce
     (a) pour reprendre la Joconde.
     (b) pour aller à Athènes.
     (c) pour se masquer.
  3. Chantal leur dit qu'on peut cacher un tableau si on
     (a) le roule.
     (b) peint par-dessus avec une peinture spéciale.
     (c) fait une imitation en plastique.
  4. Il semble que l'homme masqué veut
     (a) leur faire peur.
     (b) les empêcher de trouver quelque chose.
     (c) s'amuser.
  5. Ils peuvent aller au Louvre à n'importe quelle heure
     (a) parce qu'ils ont raison.
     (b) parce que Chantal est surexcitée.
     (c) parce que Chantal a un passe.

C. *Transformez selon le modèle:*

  EXEMPLE: Il est parti depuis quand? (1 heure)
            Il y a une heure qu'il est parti.

  1. Elle est à ce lycée depuis quand? (2 ans)
  2. Tu as les cheveux courts depuis quand? (3 semaines)
  3. Le tableau a disparu depuis quand? (5 jours)
  4. Vous êtes revenus depuis quand? (10 minutes)
  5. Tu connais Z depuis quand? (2 mois)

D. *Trouvez dans le texte le verbe qui veut dire la même chose:*

  1. ne pas être sérieux
  2. détériorer
  3. interdire
  4. rentrer
  5. se rencontrer
  6. dire
  7. faire une erreur

E. *Avez-vous compris l'histoire jusqu'ici?*

  1. La Réserve, qu'est-ce que c'est?
  2. Où est Lavallière? Pourquoi?

3. Où est l'Inspecteur Granger? Pourquoi?
4. Qui a attaqué les garçons? Où?
5. Où sont maintenant Z et ses complices?
6. Comment est-ce qu'on peut transporter un tableau célèbre?
7. Qui sont les suspects et pourquoi?

F.   *Trouvez dans la colonne de droite la meilleure définition pour l'expression de la colonne de gauche:*

1. remis de leurs émotions
2. est sur la bonne piste
3. est sûr de lui
4. a démissionné
5. a fait le coup

a. plus agités
b. a quitté son travail
c. est parti en mission
d. est coupable
e. pense qu'il a tort
f. a presque trouvé la solution
g. pense qu'il a raison
h. est sentimental
i. plus calmes

G.   *Composition. Racontez à votre ami(e) un incident étrange qui vous a fait peur.*

H.   *Trouvez 10 mots de ce chapitre parmi les lettres suivantes. Avec les 5 lettres qui restent, répondez à la question: En quoi est faite la peinture qu'on peut mettre sur un tableau sans l'abîmer?*

T	R	O	U	V	E	R
H	O	M	M	E	R	M
F	U	I	V	Î	D	A
I	L	L	L	I	N	S
L	E	E	Y	E	I	Q
M	R	U	S	N	E	U
R	I	T	R	A	P	E

[La solution se trouve à la fin du livre.]

Une heure plus tard, les deux garçons et Chantal sont à la Réserve. Ils n'ont eu aucun mal à entrer au musée et ils ont même pu demander à un garde d'ouvrir la Réserve grâce **grâce à** *thanks to*
5 au passe de Chantal. Ils examinent maintenant chaque tableau.

JACQUES: Cette couche de vinyl, je suppose que c'est assez brillant?

JEAN-PIERRE: De toutes façons, c'est forcé-
10 ment neuf, donc, il faut chercher des tableaux qui n'ont pas l'air très anciens.

CHANTAL: Regardez la quantité de tableaux! C'est décourageant.

Pendant plus d'une heure ils tournent
15 chaque tableau, examinent la peinture du plus près possible. Rien. Ils commencent à se décourager quand Jacques appelle les deux autres.

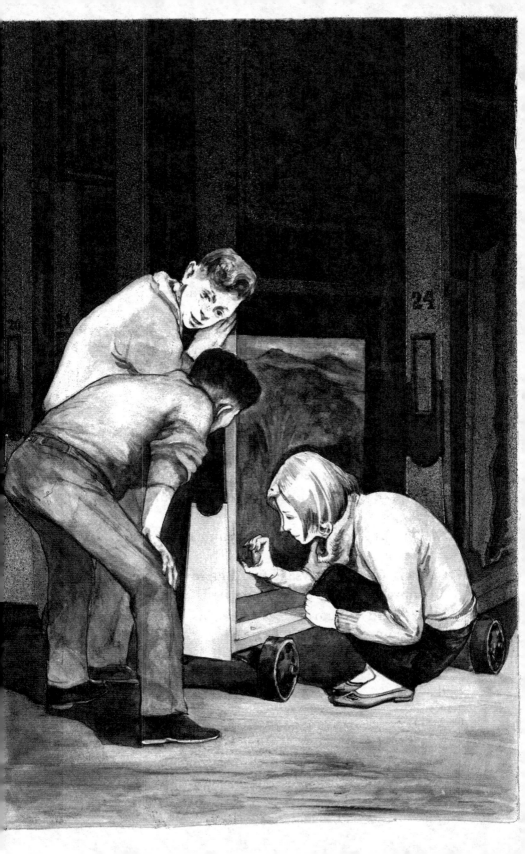

JACQUES: Venez voir ce tableau. Regardez
20   comme il brille.

briller to shine

JEAN-PIERRE: Oui, et le motif est certainement très simple: deux carrés rouges sur
un fond jaune!

le motif theme, subject
le carré square
le fond background

CHANTAL: Que vous êtes bêtes tous les deux!
25   Regardez la signature, c'est un des peintres les plus célèbres de notre époque!

JACQUES: Oh, pardon... C'est que je ne vois
pas ce qu'il y a de spécial à deux carrés
rouges sur un fond jaune! Je pourrais en
30   faire autant...

CHANTAL: On voit que vous ne courez pas les
musées pendant votre temps libre tous les
deux! ...

courir to frequent

Ils continuent à fouiller, à chercher, à re-
35 tourner toutes les toiles. Soudain Chantal
prend un tableau et l'approche de la lumière.

CHANTAL: Regardez celui-la.

JEAN-PIERRE: Oui, on dirait qu'il est tout
neuf!

40 JACQUES: Et il y a des traces de peintures par
terre.

CHANTAL: C'est un paysage très simple, on a
l'impression qu'il a été assez vite fait.

le paysage landscape

JEAN-PIERRE: Regardez les coins, ils sont
45   plus sombres.

le coin corner
sombre dark

Du bout de l'ongle Chantal gratte le coin du
tableau.

l'ongle (m.) fingernail
gratter to scratch

CHANTAL: Le peinture se pèle, regardez, ça
part tout seul! Mon Dieu! C'est ça!

50 JACQUES: Mais oui, et dessous c'est encore
plus sombre! On l'a retrouvée!

JEAN-PIERRE: La Joconde. . . La voilà, cachée
sous un paysage tout vert, c'est incroyable!

55 JACQUES: Qu'est-ce que tu as dit? Vert?

JEAN-PIERRE: Ben oui, vert, tu vois bien que
la peinture est. . . Oh non! Ce n'est pas
possible!!!

CHANTAL: De quoi parlez-vous?

60 JACQUES: Mais si! C'est ça, et maintenant je
me souviens. . . La voix, la voix de l'homme
masqué! C'est lui!

souviens / *inf.* se
souvenir *to remember*

CHANTAL: Quoi? Qui? De qui parlez-vous?

JEAN-PIERRE: Venez vite. Chantal, remets le
65 tableau où tu l'as trouvé. Tu vas comprendre tout de suite.

Exercices

A.   Vrai *ou* **Faux?** *Dites si la phrase suivante est vraie. Si elle est*
fausse, donnez la bonne réponse:

1. Les deux garçons entrent au musée avec la passe de
   Chantal.
2. Ils regardent surtout les tableaux anciens.
3. Jacques regarde un tableau qui est très compliqué.
4. Le tableau qu'il regarde a été fait par un peintre inconnu.
5. Chantal remarque un autre tableau et l'approche de la
   lumière.
6. Le tableau qu'elle regarde représente une femme.
7. Les coins du tableau sont plus sombres.
8. La Joconde est cachée sous le paysage.
9. Chantal sait qui est le voleur.

B. *Choisissez la proposition qui complète le mieux la phrase:*

1. Un tableau recouvert par cette peinture spéciale de vinyl
   (a) brille.
   (b) est sombre.
   (c) est ancien.

2. Jacques regarde un tableau qui représente
   (a) un carré rouge sur fond jaune.
   (b) un carré jaune sur fond rouge.
   (c) deux carrés rouges sur fond jaune.

3. Jacques et Jean-Pierre ne comprennent pas l'art abstrait
   (a) parce qu'ils ne vont pas souvent dans les musées.
   (b) parce que c'est trop compliqué.
   (c) parce que Chantal ne leur a pas expliqué.

4. Le paysage que Chantal regarde est très simple, elle pense
   (a) qu'il a été mal fait.
   (b) qu'il a été vite fait.
   (c) qu'il a été bien fait.

5. Quand Chantal gratte le coin du tableau avec son ongle
   (a) dessous c'est encore plus jaune.
   (b) dessous c'est encore plus vert.
   (c) dessous c'est encore plus sombre.

6. Jean-Pierre et Jacques disent à Chantal de venir vite
   (a) parce qu'ils ont vu l'homme masqué.
   (b) parce qu'ils n'aiment pas l'art abstrait.
   (c) parce qu'ils ont compris qui est le coupable.

C. *Posez une question avec les mots interrogatifs:* **à qui, à quoi, de qui, de quoi, que** *et* **qui:**

EXEMPLE: Je parle de ce tableau.
                      De quoi parles-tu?

1. Je regarde Marc.
2. Je parle de Jacques.
3. Je pense au vol de la Joconde.
4. Je dis que c'est simple.
5. Je parle de l'auto de Chantal.
6. Je téléphone à Jean-Pierre.

7. J'entends les autos.
8. Je fais mon travail.

D. *Trouvez dans le texte le contraire des adjectifs suivants:*

1. Ce n'est pas impossible, c'est très ____ .
2. Il n'est pas dessus, il est ____ .
3. Je ne suis pas occupé, je suis ____ .
4. Ce peintre n'est pas inconnu, il est même très ____ .
5. Elle n'est pas très intelligente, elle est même ____ .
6. Ce tableau n'est pas compliqué, il est ____ .
7. Ce livre n'est pas ancien, il est tout ____ .
8. Ce paysage n'est pas sombre, il est même très ____ .

E. *Choisissez la meilleure définition pour chaque phrase:*

1. Je n'ai aucun mal à comprendre: Je comprends facilement. / Je comprends avec difficulté.
2. Je cours les musées: J'y vais rarement. / J'y vais souvent.
3. Je suppose que c'est vrai: Je ne le crois pas. / Je le crois.
4. Il est venu grâce à ses amis: À cause d'eux. / Malgré eux.
5. Je me souviens: J'ai oublié. / Je me rappelle.

F. *Mettez les lettres en ordre pour former trois phrases du texte:*

1. du / Chantal / coin / ongle / de / tableau / l' / du / gratte / bout / tableau / le
2. époque / un / plus / c'est / de / peintres / notre / des / célèbres / les
3. deux / musées / on / libre / pas / votre / pendant / ne / voit / les / temps / les / vous / courez / tous / que

G. *Culture. Trouvez le nom de certains artistes célèbres:*

1. Un peintre Italien du XVe siècle.
2. Un peintre français du XIXe siècle.
3. Un sculpteur français du XIXe siècle.
4. Un peintre hollandais du XXe siècle.
5. Un peintre espagnol du XXe siècle.
6. Un architecte américain du XXe siècle.

H. *Retrouvez les mots et mettez-les dans les cases correspondantes:*

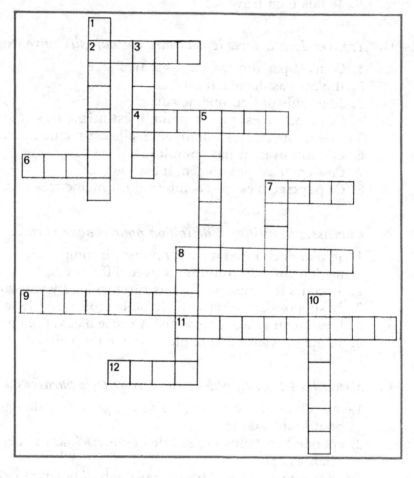

HORIZONTALEMENT	VERTICALEMENT
2. GONEL	1. LEROLIUF
4. ABATELU	3. TAGRET
6. LÈPE	5. RÈLIMUE
7. XOIV	7. TERV
8. UTENIRPE	8. DARONP
9. REHCCEHR	10. SAYGAPE
11. EGARCÉDUOR	
12. ONCI	

[La solution se trouve à la fin du livre.]

Une surprise les attend à la sortie du pavillon Mollien.

ROGER LEROUX: Bonsoir, mes chers détectives, alors, l'enquête avance?

5 JEAN-PIERRE: Monsieur Leroux, quelle bonne
surprise, je vous présente ma tante, Chantal Dufour. Chantal, voilà notre ami qui
est un des gardes de la Joconde.

CHANTAL: Enchantée, Monsieur.

10 ROGER LEROUX: Mes hommages, chère Madame.

JACQUES: Et bien, figurez-vous que oui, l'enquête avance!

se figurer *to imagine*

JEAN-PIERRE: On vient de retrouver Mona
15 Lisa!

ROGER LEROUX: Vraiment? Et où?

JACQUES: Je crois que vous le savez!

CHANTAL: Qu'est-ce qui se passe ici? J'ai
vraiment l'impression de ne pas être dans
20 le coup. . .

être dans le coup
*(colloquial) to be in
on it*

107

JEAN-PIERRE: Oui, un joli paysage tout vert,
ça ne vous dit rien?

ROGER LEROUX: Hum, je vois... et comment avez-vous deviné?

25 CHANTAL: Deviné quoi?   deviner *to guess*

JACQUES: Élémentaire, mon cher Monsieur!

JEAN-PIERRE: La première fois qu'on vous a
rencontré, vous aviez de la peinture verte
sur la manche de votre chemise.

30 JACQUES: Et la voix! J'ai reconnu la voix du
mystérieux homme masqué, c'était vous!

CHANTAL: Lui? Lui, le voleur?

ROGER LEROUX: Oh, je ne suis pas un voleur! Je n'ai jamais eu l'intention de gar-
35   der le tableau.

JEAN-PIERRE: Alors, pourquoi?

ROGER LEROUX: J'étais jeune. J'avais vingt
ans. Je n'aimais qu'une chose au monde:
peindre. Je n'ai jamais pu vendre un seul
40   tableau! Aucun talent, disaient mes pro-
fesseurs. J'ai décidé de prouver au monde
que ce n'était pas vrai.

JEAN-PIERRE: Je comprends, le faux, c'est
vous!

45 ROGER LEROUX: Dix ans, mes amis! J'ai mis
dix ans à la reproduire, cette belle dame
que je voyais chaque jour! Il est bien, mon
faux, tout le monde s'y est trompé!

CHANTAL: Pas les experts!

50 ROGER LEROUX: Oui, peut-être, mais vous
voulez savoir quelque chose? J'ai fait la
substitution cinq jours avant la décou-
verte du vol. Cinq jours de gloire, mes   la gloire *glory*
amis, cinq jours où personne ne savait que
55   le tableau qu'ils admiraient, c'est moi qui

l'avais fait! Cinq jours pendant lesquels je
me suis appelé Leonardo da Vinci!

JACQUES: Mais pourquoi nous attaquer?
Nous étions vos amis!

60 ROGER LEROUX: Je voulais retarder le moment où vous alliez trouver le tableau. . .
Mais vous savez, vous attaquer, personne
n'a jamais été blessé par un briquet!   le briquet *lighter*

JEAN-PIERRE: Un briquet?

65 ROGER LEROUX: Oui, tenez.

Il sort de sa poche un revolver et son paquet de cigarettes. Il prend une cigarette et
l'allume avec. . . le revolver!   allumer *to light*

JACQUES: Un briquet! Ce n'était pas un re-
70   volver, ce qu'on est bête!

CHANTAL: C'est bien beau tout cela, mais,
mon cher Monsieur, vous allez vous retrouver en prison!

ROGER LEROUX: La rançon de cinq jours de
75   gloire! Je suis à vous, chère Madame.

JACQUES: Je crois qu'on devrait discuter de
tout ça à la maison.

JEAN-PIERRE: Oui, c'est vrai, Chantal, em-
mène-nous chez toi et on pourra voir les
80   diverses solutions.

CHANTAL: Diverses solutions! Tout me semble très clair, moi. Mais enfin, si vous
voulez, d'accord. Venez, je suis garée à
côté d'ici.

85 Dans la petite voiture rouge que Chantal fait
zigzaguer boulevard Saint-Michel, Jean-Pierre
pense que si personne n'est malade après ce
petit voyage, ce serait une bonne idée de pas-
ser à la charcuterie et d'acheter quelques bri-   la charcuterie *deli*

90 coles. Il n'y a rien de tel que quelque chose à   la bricole *(little) thing*
manger pour apaiser les esprits, et puis, il a   apaiser *to appease*
drôlement faim.

Exercices

A. **Vrai** *ou* **Faux?** *Dites si la phrase suivante est vraie. Si elle est fausse, donnez la bonne réponse:*

1. Ils rencontrent Roger Leroux en sortant de la Réserve.
2. Chantal a deviné que le coupable est Roger Leroux.
3. Les deux garçons ont deviné à cause du talent de Roger Leroux.
4. Roger Leroux voulait vendre Mona Lisa.
5. Quand il avait vingt ans, Roger Leroux était un peintre inconnu.
6. Il a mis cinq jours à faire le faux tableau.
7. Il a fait la substitution le jour où le vol a été découvert.
8. Il avait attaqué les deux garçons avec un briquet.

B. *Choisissez la proposition qui complète le mieux la phrase:*

1. Roger Leroux a volé la Joconde
   (a) pour la reproduire.
   (b) pour prouver qu'il avait du talent.
   (c) parce qu'il en était amoureux.
2. Il a eu cinq jours de gloire quand
   (a) tout le monde croyait que son faux tableau était le vrai.
   (b) il a réussi à voler le tableau.
   (c) il a attaqué les deux garçons.

3. Il a attaqué les deux garçons pour
   (a) les blesser.
   (b) ne pas aller en prison.
   (c) retarder la découverte du vrai tableau.
4. Roger Leroux accepte d'aller en prison
   (a) parce qu'il respecte Chantal.
   (b) parce qu'il a eu cinq jours de gloire.
   (c) parce qu'il avait un briquet.
5. Ils vont tous les quatre chez Chantal
   (a) pour manger.
   (b) pour appeler la police.
   (c) pour discuter de la situation.
6. Jean-Pierre voudrait passer à la charcuterie
   (a) parce qu'il a faim.
   (b) parce qu'il a peur.
   (c) parce qu'il est malade.

C. *Répondez aux questions suivant les modèles:*

EXEMPLES: Si Chantal trouve la Joconde, que fera-t-elle? (la rendre au Louvre)
Si Chantal trouve la Joconde, elle la rendra au Louvre.

Si tu allais à Paris, que ferais-tu? (voir les musées)
Si j'allais à Paris, je verrais les musées.

1. Si tu passes à la charcuterie, que feras-tu? (acheter des bricoles)
2. Si Chantal appelle la police, que fera Roger Leroux? (aller en prison)
3. Si tu achetais un tableau, que ferais-tu? (le mettre dans ma chambre)
4. Si tes parents avaient une voiture, que ferais-tu? (la conduire)
5. Si tu écrivais un livre, que ferais-tu? (le publier)
6. Si tes amis et toi, vous entrez au Louvre, que ferez-vous? (voir Mona Lisa)
7. Si vous alliez au bord de la mer, que feriez-vous? (nager chaque jour)

8. S'il fait très chaud dans ta chambre, que feras-tu? (ouvrir la fenêtre)

D. *Choisissez le mot qui complète le mieux chaque phrase:*

1. Il y a deux ____ (manches / briquets) à ma veste.
2. Quand on veut savoir quelque chose, on fait une ____ (sortie / enquête).
3. En France, les gens aiment bien ____ (discuter / allumer).
4. Quand il a sorti son revolver, le détective a ____ (béni / blessé) le voleur.
5. L'enfant a peur d'elle parce qu'elle a une grosse ____ (voix / rançon).
6. Le voleur est allé en ____ (prison / surprise).
7. Quand on n'est pas dans le coup, on est ____ (bien / mal) informé.
8. Mona Lisa était très difficile à ____ (reproduire / retarder).

E. *Trouvez dans le texte l'expression qui veut dire la même chose:*

1. Je n'ai jamais voulu garder le tableau.
2. Je viens avec vous, chère Madame.
3. Ce serait une bonne idée d'aller à la charcuterie.
4. Imaginez que oui, l'enquête avance.
5. J'ai vraiment l'impression de ne pas tout savoir.
6. Il est très bon de manger quelque chose pour trouver la paix.

F. *Trouvez dans la colonne de droite la réponse à la question de gauche:*

1. Combien est-ce que ça coûte?	a. Oui, en voilà.
	b. C'est très très cher.
2. Vous avez mis combien de temps?	c. Hier.
	d. Dix ans.
3. Le musée ouvre à quelle heure?	e. À neuf heures.
	f. Pendant une heure.
4. Vous avez de la monnaie?	g. Depuis deux mois.
5. Ils partent quand?	h. Samedi.

G. *Complétez ce dialogue imaginaire de Roger Leroux avec lui-même quand il décide d'imiter Mona Lisa:*

1. ROGER LEROUX: Ils disent que je ne suis pas un bon peintre!
   LUI-MÊME: ____
2. ROGER LEROUX: Mais si, c'est vrai, regarde, je ne vends rien!
   LUI-MÊME: ____
3. ROGER LEROUX: C'est vrai, j'ai du talent! Alors, pourquoi est-ce que personne ne le sait?
   LUI-MÊME: ____
4. ROGER LEROUX: Mais comment est-ce que je peux le prouver?
   LUI-MÊME: ____
5. ROGER LEROUX: Pourquoi pas? C'est facile, mais . . . lequel?
   LUI-MÊME: ____
6. ROGER LEROUX: Quoi? Mais oui, pourquoi pas. . . après tout. . . .

H. *Mots croisés:*

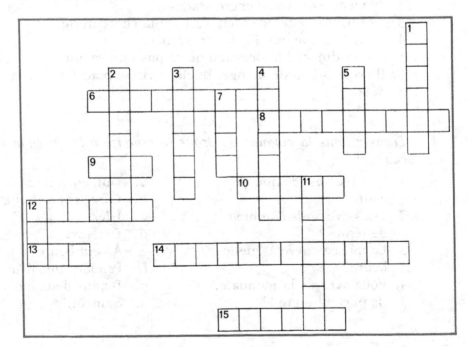

HORIZONTALEMENT

6. Les deux garçons disent à Roger Leroux qu'ils viennent de ___ Mona Lisa.
8. Roger dit qu'il n'avait pas l'___ de garder le tableau.
9. Quand il avait vingt ___ , il aimait peindre.
10. Jacques dit qu'ils étaient vraiment ___ d'avoir peur d'un briquet!
12. Quand il était jeune, Roger Leroux ne pouvait pas ___ ses tableaux.
13. Chantal a du mal à croire que c'est ___ le voleur!
14. Roger a fait la ___ cinq jours avant la découverte du vol.
15. Roger dit qu'il ne voulait pas ___ le tableau.

VERTICALEMENT

1. Chantal est très réaliste quand elle dit à Roger Leroux qu'il va sans doute aller en ___ .
2. Roger a fait peur aux deux garçons parce qu'il voyait qu'ils allaient bientôt ___ .
3. Il dit qu'il n'est pas vraiment un ___ .
4. Roger Leroux les a attaqués avec un ___ .
5. Roger Leroux a eu ___ jours de gloire.
7. Jacques avait reconnu sa ___ .
11. Les deux garçons semblent s'amuser avec cette ___ .
12. C'est Roger Leroux qui a eu l'idée du ___ de la Joconde.

[La solution se trouve à la fin du livre.]

L'idée de Jean-Pierre a été approuvée et c'est autour d'un assortiment de charcuterie que les deux garçons, Roger Leroux et Chantal s'installent. Un télégramme attendait Chantal à leur retour.

CHANTAL: C'est le patron! Ils ont arrêté Z et ses complices, mais ils n'ont rien à voir avec le vol de la Joconde!

JEAN-PIERRE: Évidemment!

CHANTAL: Mais attendez, ils ont avoué qu'ils préparaient un gros coup à la Banque de France!

JACQUES: C'est bien pour ton patron, il ne va pas rentrer bredouille!

CHANTAL: Et, tenez, un télex du Quai des Orfèvres: les 500 000 euros du gardien-chef sont tout à fait légitimes. Il a hérité d'un oncle d'Amérique!

s'installer *to settle down*

à voir *here: to do*

avouer *to admit*
le coup *hit*

rentrer bredouille *to return empty-handed*

116

ROGER LEROUX: Et le Conservateur qui a dé-
20   missionné! Un si brave homme, c'est de
ma faute. . .

CHANTAL: Mais oui, c'est de votre faute: il a
démissionné à cause de la honte et du
déshonneur!

25   JACQUES: Mais attendez, le tableau n'a pas
vraiment été volé!

JEAN-PIERRE: C'est vrai ça, il est encore au
Louvre. . .

JACQUES: Si le tableau revient à sa place, le
30   Conservateur n'a pas besoin de démissionner!

CHANTAL: Et, vous deux, pas si vite! Monsieur Leroux a quand même volé le
tableau! D'abord, Monsieur, dites-moi
35   comment vous avez fait? Pourquoi est-ce
que l'alarme n'a pas marché?

ROGER LEROUX: Ah, c'est que j'avais tout   prévu / *inf.* prévoir *to*
prévu depuis longtemps! Je me suis lié   *foresee*
d'amitié avec le gardien-chef il y a six ou
40   sept ans. On joue aux cartes deux fois par
semaine. Un jour qu'il était chez moi, j'ai
mis un somnifère dans son café. Il est   le somnifère *sleeping*
resté. Pendant qu'il dormait j'ai fait une   *pill*
copie de sa clef et j'ai pris l'empreinte de
45   sa main.

JACQUES: Comment?

ROGER LEROUX: J'ai d'abord fait une empreinte, comme pour la clef, et ensuite j'ai
appliqué cette empreinte sur ma propre
50   main. J'avais ainsi une sorte de gant, si
vous voulez, qui a marché devant l'œil
magnétique du système d'alarme.

JEAN-PIERRE: Chapeau!   chapeau! *terrific!*

CHANTAL: Je vois. . .

55 JACQUES: En fait, à part Lavallière, il n'y a
pas eu de vrai drame. Personne n'a été
blessé. Le tableau pourrait réintégrer sa   réintégrer *to return*
place comme il en est sorti!   *(to)*

JEAN-PIERRE: Mais Lavallière va mieux. Je
60   vais appeler l'hôpital.

Pendant que Jean-Pierre téléphone à l'hôpital, Jacques cherche à convaincre Chantal que
Roger Leroux pourrait éviter la prison.

JACQUES: Si Monsieur Leroux remet le ta-
65   bleau, il n'y aura pas de crime!

ROGER LEROUX: Mais le mécanisme de l'a-
larme a peut-être été changé?

CHANTAL: Non, pas encore, ils ont décidé de
moderniser le système, mais cela va
70   prendre une semaine.

JEAN-PIERRE: Lavallière est hors de danger.
Je suis sûr qu'il a pensé qu'il ne reverrait
jamais sa chère Mona Lisa!

JACQUES: Mais justement, si le tableau re-
75   vient, il va la revoir!

CHANTAL: Oui, bien sûr, je vous comprends
et je sympathise avec les espoirs et les
malheurs d'un peintre inconnu, mais. . . et
la justice?

80 JEAN-PIERRE: La justice y trouve son compte.   trouver son compte *to*
Mona Lisa revient au Louvre!   *be satisfied*

CHANTAL: Mais le criminel n'est pas puni!

JACQUES: Il n'y a pas de criminel, le tableau
n'a pas quitté le musée!

85 CHANTAL: Oui, c'est vrai! Je vois d'ici la tête
du patron si le tableau revient miraculeusement! Pourquoi pas. . . Mais à une
condition. . .

ROGER LEROUX: Tout ce que vous voulez,
90   Madame!

CHANTAL: Monsieur Leroux, vous allez envoyer un cadeau à ce pauvre Lavallière
qui a manqué en mourir.   manquer mourir *to*
                                           nearly die

ROGER LEROUX: Avec plaisir, mais quoi?

95 CHANTAL: Rien de plus facile! Votre fausse
Joconde, bien sûr!

Exercices

A.   Vrai *ou* **Faux?** *Dites si la phrase suivante est vraie. Si elle est fausse, donnez la bonne réponse:*

1. Z a été arrêté en Grèce parce qu'il avait aidé Roger Leroux à voler la Joconde.
2. Le gardien-chef avait un oncle en Amérique.
3. Roger Leroux était devenu l'ami du gardien-chef depuis six ou sept jours.
4. Roger Leroux a copié la clef du commissaire de police et a pris l'empreinte du gardien-chef.
5. Les deux garçons voudraient éviter la prison à Roger Leroux.
6. Lavallière est parti de l'hôpital.
7. Chantal propose que Roger Leroux donne la vraie Joconde à Lavallière.
8. Tout le monde va être surpris quand le tableau va revenir miraculeusement.

B.   *Choisissez la proposition qui complète le mieux la phrase:*

1. Z a avoué
   (a) qu'il allait voler Mona Lisa.
   (b) qu'il allait voler la Banque de France.
   (c) qu'il allait mettre Mona Lisa à la Banque de France.

2. Le gardien-chef a mis 500 000 Francs à la banque à cause
   (a) d'un héritage.
   (b) de la Joconde.
   (c) de la démission du Conservateur.

3. Roger Leroux a pu copier la clef du gardien-chef parce
   que celui-ci
   (a) avait bu beaucoup de café.
   (b) jouait aux cartes.
   (c) dormait.

4. Jacques cherche à convaincre Chantal que Roger Leroux
   (a) devrait aller en prison.
   (b) ne devrait pas aller en prison.
   (c) devrait changer le système d'alarme.

5. Les deux garçons pensent que Roger Leroux n'est pas un
   criminel
   (a) parce que Mona Lisa n'a pas quitté le Louvre.
   (b) parce qu'il était un peintre inconnu.
   (c) parce qu'il est sympathique.

6. Roger Leroux va envoyer un cadeau à Lavallière, ce sera
   (a) la fausse Joconde.
   (b) la vraie Joconde.
   (c) la tête du patron.

7. Le plan qu'ils ont décidé est de
   (a) donner Mona Lisa à Lavallière.
   (b) garder Mona Lisa à la Réserve.
   (c) remettre Mona Lisa à sa place sans rien dire.

C. *Combinez les deux phrases avec* **à cause de** *ou* **parce que**:

EXEMPLES: Il a demissionné / la honte
            Il a demissionné à cause de la honte.

            Ils ont été arrêtés / ils préparaient le vol de la
            Banque
            Ils ont été arrêtés parce qu'ils préparaient le vol
            de la Banque.

1. Le gardien-chef a dormi / le somnifère.
2. Le système d'alarme n'a pas marché / il avait l'empreinte
   de la main du gardien-chef.
3. Il n'y a pas eu de drame / Lavallière est hors de danger.

    4. Il a essayé de se suicider / la Joconde.

    5. Justice est faite / Mona Lisa revient au Louvre.

    6. Les deux garçons veulent éviter la prison à Roger Leroux / c'est leur ami.

D. *Choisissez la meilleure définition pour chaque phrase:*

    1. Ils se sont liés d'amitié: Ils sont devenus amis. / Ils ont hérité.

    2. Ils préparaient un gros coup: Ils avaient trop mangé. / Ils allaient faire un vol.

    3. Il est hors de danger: Il est sauvé. / Il est mort.

    4. Ils n'ont rien à voir avec cette histoire: Cela ne les concerne pas. / Ils ont mal aux yeux.

    5. Elle y trouve son compte: Elle doit être satisfaite. / Elle a assez d'argent.

    6. Il est rentré bredouille: Il a trouvé une bricole. / Il n'a rien trouvé.

E. *Choisissez le synonyme de chaque verbe indiqué:*

    1. approuver: accepter / montrer / refuser / admettre

    2. éviter: vider / espérer / échapper à / retarder

    3. prévoir: regarder / sentir / apercevoir / calculer

    4. appliquer: s'inscrire / enregistrer / mettre / se renseigner

    5. réintégrer: retrouver / tuer / refaire / risquer

F. *Avez-vous compris l'histoire?*

    1. Qui est le voleur? Comment a-t-il volé la Joconde? Pourquoi l'a-t-il volée?

    2. Où a-t-il mis le tableau? Comment l'a-t-il caché?

    3. Que faisaient Z et ses complices en Grèce?

    4. D'où vient l'argent du gardien-chef?

    5. Pourquoi est-ce que le Conservateur a démissionné?

    6. Pourquoi est-ce que Lavallière a essayé de se suicider?

    7. Roger Leroux va-t-il aller en prison? Grâce à qui?

    8. Où vont aller la vraie et la fausse Mona Lisa?

G. *Composition: imaginez la lettre que Lavallière écrit à Roger Leroux après avoir reçu la fausse Joconde.*

H. *Déchiffrez les mots suivants et avec la première lettre de chaque mot formez le titre d'une histoire très intéressante:*

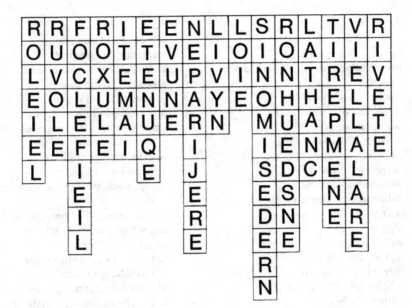

[La solution se trouve à la fin du livre.]

Vocabulaire

A

abîmer to spoil
abord: d'abord first; **tout d'abord** at first
abriter to house
absolument absolutely
accepter to accept
accord: d'accord O.K.
acheter to buy
acquérir to acquire
activer to activate
admettre to admit
affaire f. business
âge m. age
agir to act
agité agitated
agréable pleasant
ah, là, là! come on!
aider to help
aïe! f. ouch!
aile f. wing
aimer to love; **aimer bien** to like
air m. air; expression; **avoir l'air** to seem
aisance f. ease
aise f. ease; **être mal à l'aise** to be ill at ease
allemand German
aller to go; **Comment ça va?** How's it going?
allumer to light; to turn on (light)
alors then; so
amener to bring along (someone)
ami (f. **amie**) friend
amitié f. friendship; **se lier d'amitié** to become friends
amour m. love
amoureux (f. **amoureuse**) in love
amusant funny
(s')amuser to have fun
an m. year
ancien (f. **ancienne**) former; old

âne m. donkey
annoncer to announce
anormal abnormal
antiquaire m. antique dealer
apaiser to appease
apercevoir to perceive
appareil-photo m. camera
appeler to call; **s'appeler** to be named
appliquer to apply
apprendre to learn
(s')approcher to approach, come near to
après after; **d'après** according to
argent m. money; silver
argot m. slang
arrêter to stop; to arrest; **s'arrêter** to stop
arriver à to manage, succeed
arrondissement m. district
(s')asseoir to sit down
assez enough; quite
assis sitting
associé m. associate
assortiment m. assortment
attacher to attach
attaquer to attack
attendre to wait; **s'attendre à** to expect
attirer to attract
attraper to catch
aussi also
aussitôt as soon as
auto f. car
auto-école f. driving school
autour de around
avance: d'avance early, ahead of time
avancer to advance
avant before
aveugle m. blind
avoir to have; **avoir besoin de** to need; **avoir du mal à** to have a hard time; **avoir envie de** to feel

like; **avoir faim** to be hungry; **avoir froid** to be cold; **avoir l'air** to seem; **avoir la trouille** (*colloquial*) to be scared; **avoir peur** to be scared; **avoir lieu** to take place; **avoir mal** to have an ache; **avoir raison** to be right; **avoir rendez-vous** to have an appointment; to have a date; **avoir soif** to be thirsty
avouer to admit

B

(se) bagarrer to fight
baguette *f.* stick
banc *m.* bench
bandoulière *f.* shoulder strap; **en bandoulière** slung over the shoulder
barrer to bar
bas *m.* bottom; **en bas** below, at the bottom
bâtiment *m.* building
bateau *m.* ship
beau (*f.* **belle**) beautiful; **faire beau** to be beautiful (*weather*)
ben (*colloquial*) = **bien**
bénir to bless
bêtise *f.* stupidity; mischief
bien well; quite; **aimer bien** to like
billet *m.* ticket
bizarre strange
blessé wounded
bleu blue
bof (*colloquial*) well
bois *m.* wood
boîte *f.* box
bon (*f.* **bonne**) good; **de bonne heure** early
bord *m.* edge; **au bord de la mer** at the seaside
bouche *f.* mouth
bourgeois middle-class
bout *m.* end
braquer to point
brave honest
bredouille: rentrer bredouille to return empty-handed

bref: en bref in short
bricole *f.* (little) thing
brillant shiny
briller to shine
briquet *m.* lighter
brun brown
brusquement all of a sudden
bruyant noisy
bureau *m.* desk; office

C

cacher to hide; **se cacher** to hide oneself
cadeau *m.* gift
cadre *m.* frame
calculer to calculate
campagne *f.* country(side)
canne *f.* cane
capable able
carré square; *m.* square
carte *f.* map; card; **jouer aux cartes** to play cards
cas *m.* case; **en cas de** in case of; **en tout cas** in any case
casier *m.* rack
casser to break
caveau *m.* cellar
ce this; **sur ce** upon that
célèbre famous
certain certain; some
c'est-à-dire that is
chaîne *f.* chain
chambre *f.* room
changer to change
chantage *m.* blackmail
chapeau *m.* hat; **chapeau!** (*colloquial*) terrific!
charcuterie *f.* deli
chargé in charge of
chasse *f.* hunt; chase
chat *m.* cat
chaud warm, hot; **faire chaud** to be warm (*weather*)
chauffeur *m.* driver
chef *m.* boss
chemise *f.* shirt

cher (*f.* **chère**) expensive; dear
chercher to look for
cheval *m.* horse
cheveux *m. pl.* hair
chèvre *f.* goat
chien *m.* dog
chose *f.* thing
chut shsh
cil *m.* eyelash
cinglé (*colloquial*) crazy
citron *m.* lemon
civil civilian; **en civil** plain clothes
clair clear, light
clandestin clandestine
clef *f.* key
cœur *m.* heart
coin *m.* corner
colle *f.* glue; **pot** (*m.*) **de colle** jar of
  glue; nag, pest
collectionneur *m.* collector
colonne *f.* column
commencer to begin
commissaire *m.* commissioner
commissariat (*m.*) **de police** police
  station
complice *m.* accomplice
comprendre to understand
compte *m.* account; **compte
  bancaire** bank account; **se rendre
  compte** to realize; **trouver son
  compte** to be satisfied
concerner to concern
condamné sentenced
conduire to drive
connaître to know (*someone or a
  place*)
consciencieusement conscientiously
conservateur *m.* curator
constater to notice
content glad, happy
continuer to continue
convaincre to convince
copain *m.* (*f.* **copine**) friend
copie *f.* copy
côte *f.* coast
côté *m.* side; **à côté de** near
cou *m.* neck
couche *f.* coat (*of paint*)

coudre to sew
coulisses *f. pl.* backstage
couloir *m.* hallway, corridor
coup *m.* blow; hit; **coup de fil**
  (*colloquial*) telephone call; **coup de
  main** help; **être dans le coup**
  (*colloquial*) to be in on it; **faire le
  coup** (*colloquial*) to be guilty; **tout
  à coup** suddenly; **un coup pareil**
  (*colloquial*) some stunt
coupable guilty; *m.* guilty person
cour *f.* courtyard
courir to run; to frequent
couteau *m.* knife
coûter to cost
coutume *f.* custom; **de coutume**
  usually
couvrir to cover
criminel *m.* criminal
croire to believe
croiser to meet

D

dame *f.* lady
dangereux (*f.* **dangereuse**) dangerous
décider to decide
déclencher to release
découragé discouraged
découverte *f.* discovery
découvrir to discover
dédale *m.* maze
dedans inside
déguisé disguised
déjeuner to have lunch
demander to ask; **se demander** to
  wonder
démarrer to start; to pull out (*a car*)
démissionner to resign
demoiselle *f.* young lady
départ *m.* departure
(se) dépêcher to hurry
déposer to drop off (*someone*)
depuis since
déranger to disturb
dernier (*f.* **dernière**) last
dérobé hidden
derrière in back; behind

désamorcer   to deactivate
désarmé   disarmed
descendre   to go down, descend
désert   empty
déshonneur *m.*   dishonor
désolé   sorry
désordonné   disorderly
dessiner   to draw
dessous   under
dessus   on top
détaché   detached
détériorer   to deteriorate
détester   to hate, detest
dette *f.*   debt
devant   in front
devenir   to become
deviner   to guess
devinette *f.*   guessing game
devoir   to have to
digital   digital; **empreinte digitale**
   (f.)   fingerprint
dimanche *m.*   Sunday
dinde *f.*   turkey
dîner   to dine
dingue *(colloquial)*   crazy
dire   to say, tell; **vouloir dire**   to
   mean
directement   directly
diriger   to direct; **se diriger (vers)**   to
   head (for)
discrètement   discreetly
discuter   to discuss
disparaître   to disappear
(se) disputer   to argue
divan *m.*   couch
divers *pl.*   various, different
dizaine *f.*   about ten
doigt *m.*   finger
donc   therefore
donner   to give
dormir   to sleep
doucement   softly; slowly
douche *f.*   shower
doué   gifted
doute *m.*   doubt
drame *m.*   tragic event
drapeau *m.*   flag
droit *m.*   right

droite *f.*   right
drôle   funny
drôlement   very

E

(s)échapper   to escape
écouler   to get rid of
écouter   to listen
effectivement   in fact
effrayé   scared
élémentaire   basic
s'éloigner   to move away
embarras *m.*   annoyance;
   embarrassment; **embarras de**
   circulation   traffic (congestion)
emmener   to take along *(someone)*
empêcher   to prevent; **ne pouvoir**
   s'empêcher de   not to be able to
   help
empreinte *f.*   mark; **empreinte**
   digitale   fingerprint
enchanté   delighted
encore   yet; again
endroit *m.*   place; **à l'endroit**   in the
   usual place
enfant *m. or f.*   child
enfin   finally
(s')engouffrer   to get into
enlever   to remove
ennuyeux *(f.* **ennuyeuse)**   boring
enquête *f.*   investigation
enregistrer   to record; to register
ensemble   together
ensuite   then
entendre   to hear
entraîner   to carry along
entrée *f.*   entrance
entrer   to enter
envers: à l'envers   backwards, in
   reverse
envie *f.*   wish; **avoir envie**   to feel like
envoyer   to send
erreur *f.*   error
escalier *m.*   staircase
espèce *(f.)* **d'idiot**   you fool
espérer   to hope
espoir *m.*   hope

esprit *m.* spirit
essayer to try
étage *m.* floor
(s')étonner to be astonished
être to be; **être dans le coup**
  (colloquial) to be in on it; **être**
  fourré *(colloquial)* to hang around;
  être persuadé to believe
évidemment of course
éviter to avoid
exactement exactly
exaspéré exasperated
expliquer to explain
exposer to expose
(s')extasier to be entranced

F

facile easy
facilement easily
façon *f.* way, manner; **de toutes**
  façons anyway
faible weak
faire to make; to do; **faire face** to
  face; **faire la queue** to wait on line;
  faire la tournée to make the
  rounds; **faire le coup** *(colloquial)* to
  be guilty; **faire les cent pas** to pace
  back and forth; **faire pareil** to do
  the same; **faire signe** to wave; **faire**
  vite to hurry up
fait *m.* fact; **tout à fait** entirely
falloir to be necessary
fameux *(f.* **fameuse)** famous
fatigué tired
(se) fatiguer to become tired
faute *f.* error; **sans faute** by all
  means
femme *(f.)* **de ménage** cleaning
  woman
fenêtre *f.* window
fermé closed
(se) fermer to close
fermeture *f.* closing
figure *f.* face
(se) figurer to imagine
film *m.* thin layer

fin *f.* end
foie *m.* liver
fois *f.* time
fonctionner to work *(mechanism)*
fond *m.* background; **au fond** in the
  back
fort strong
fortement deeply
fou *(f.* **folle)** crazy
fouiller to search
fourré: être fourré *(colloquial)* to
  hang around
franchement frankly
frère *m.* brother
fromage *m.* cheese
frontière *f.* border
fumer to smoke

G

gagner to earn; to win
gant *m.* glove
garçon *m.* boy
garde *m.* guard
garder to keep
gardien *m.* guard; **gardien-**
  chef head guard
garer to park
gâteau *m.* cake
gauche *f.* left
gêné embarrassed
généreux *(f.* **généreuse)** generous
gentil *(f.* **gentille)** nice
geste *m.* gesture
glisser to slide
gloire *f.* glory
grâce à thanks to
gratter to scratch; **se gratter** to
  scratch oneself
grille *f.* iron gate
grincement *m.* screeching
gros *(f.* **grosse)** big; fat

H

habillé dressed
habiter to live
habitude *f.* habit;
  d'habitude usually

habitué familiar; *m.* regular (guest)
haut high; loud; **en haut** on top
hep hey
herbe *f.* grass; **en herbe** budding
hériter to inherit
heure *f.* hour; **de bonne heure** early
heureusement fortunately
heureux (*f.* **heureuse**) happy
(se) heurter (à) to bump into
hier yesterday
histoire *f.* story
hommages *m. pl.* compliments,
   respects
honnête honest
honte *f.* shame
hôpital *m.* hospital
hors de outside of

I

ici here
idée *f.* idea
île *f.* island
il y a there is
imiter to imitate
immeuble *m.* building
immobile motionless
impensable unthinkable
importer to matter; **n'importe
   quoi** anything
inconnu unknown
incroyable incredible
indiquer to indicate
(s')inquiéter to worry
(s')inscrire to register
(s')installer to settle down
insulter to insult
interdit forbidden; **sens** *(m.)*
   interdit no-entry / wrong-way
   (street)
intéressant interesting
interrogatoire *m.* questioning
interroger to question
interrompre to interrupt
inutile useless; no use

J

jamais never

jambe *f.* leg
jardin *m.* garden
jaune yellow
jeudi *m.* Thursday
jeune young
joli pretty
joue *f.* cheek
jouer to play; **jouer aux cartes** to
   play cards
jour *m.* day
journée *f.* day
jurer to swear
jusqu'à until
juste exactly

L

laisser to let; to leave
laver to wash
léger (*f.* **légère**) light
(le) lendemain next day
(se) lever to get up
lèvre *f.* lip
libre free
(se) lier d'amitié to become friendly
linge *m.* laundry
livraison *f.* delivery
livre *m.* book
loin far
longtemps a long time
lumière *f.* light
lundi *m.* Monday

M

main *f.* hand
maintenant now
maire *m.* mayor
maison *f.* house
mal poorly; **mal à l'aise** uneasy
malade sick
malgré in spite of
malheur *m.* misfortune
malle *f.* trunk
manche *f.* sleeve
manger to eat
manquer to miss; **manquer
   mourir** to nearly die

marchandise *f.* merchandise
marche *f.* step; **se mettre en marche** to be triggered
marcher to walk; to work *(mechanism)*
mardi *m.* Tuesday
marié married
marque *f.* mark
marrant *(colloquial)* funny, amusing
masqué masked
match *m.* game
matin *m.* morning
mauvais bad; **mauvais temps** *m.* bad weather
mazette *(colloquial)* gosh
mécanisme *m.* mechanism
menaçant threatening
ménage *m.* housework; **femme de ménage** cleaning woman
mener to lead
mère *f.* mother
mercredi *m.* Wednesday
métier *m.* trade
mettre to put; **se mettre en marche** to be triggered
meuble *m.* furniture
midi *m.* noon
(le) mien, (la) mienne mine
miraculeusement miraculously
mode *f.* fashion; **à la mode** fashionable
moderniser to modernise
moins less
monde *m.* people, crowd
monnaie *f.* small change
monter to go up, climb
montre *f.* watch
montrer to show
(se) moquer (de) to make fun (of)
mort dead
motif *m.* theme, subject
mot *m.* word
moulin *m.* mill
mourir to die; **manquer mourir** to nearly die
moyen *m.* means
mur *m.* wall

N

naître to be born
nerveux *(f.* **nerveuse)** nervous
neuf *(f.* **neuve)** new
neveu *m.* nephew
nez *m.* nose
ni . . . ni neither . . . nor
nièce *f.* niece
Noël *m.* Christmas; **Père Noël** *m.* Santa Claus
nouvelle *f.* (piece) of news
nuit *f.* night; **ronde** *(f.)* **de nuit** nightwatch
numéro *m.* number

O

obscur dark
observer to observe
occupé busy
(s')occuper to take care of
œil *m.* *(pl.* **yeux)** eye
œuvre *f.* work of art
offrir to offer
oie *f.* goose
oiseau *m.* bird
oncle *m.* uncle
ongle *m.* fingernail
opérer to operate
oreille *f.* ear
ôter to take off
ouais *(colloquial)* = **oui**
oublier to forget
ours *m.* bear
ouvert open
ouverture *f.* opening
(s')ouvrir to open

P

paix *f.* peace
palais *m.* palace
panneau *m.* panel
papier *m.* paper
paquet *m.* package
paraître to seem

pareil similar; **faire pareil** to do the same; **un coup pareil** *(colloquial)* some stunt
parfait perfect
parler to speak, talk
parole *f.* word
partir to leave
partout everywhere
pas *m.* step; **faire les cent pas** to pace back and forth
passage *m.* way
passager *m.* passenger
passant *m.* passer-by
passe-partout *m.* master key
passer to spend *(time)*; to go by; to go on (to); **se passer** to take place
patrie *f.* fatherland
patron *m.* (*f.* **patronne**) boss
pavillon *m.* building; pavilion
pauvre poor
payer to pay
pays *m.* country
paysage *m.* landscape
peau *f.* skin
peindre to paint
peine *f.* trouble; **à peine** hardly
peintre *m.* painter
peinture *f.* painting; paint
(se) peler to peel off
pendant during
pénétrer to enter
penser to think
père *m.* father; **Père Noël** *m.* Santa Claus
(se) perdre to get lost
personne nobody
persuadé convinced
perturber to perturb
petit small, little
peu importe it doesn't matter
peut-être perhaps
phrase *f.* sentence
pièce *f.* coin; room
pied *m.* foot
piétiner to walk in place; to go nowhere
piéton *m.* pedestrian
piste *f.* track
place *f.* space; square *(in a city)*
plaire to please; **s'il vous / s'il te plaît** please
plaisanter to joke
plaisir *m.* pleasure; **au plaisir** goodbye
plan *m.* map
plaque (*f.*) **minéralogique** license plate
plein full; **en plein** right in the middle (of); **plein de** = **beaucoup**
pleurer to cry
pleuvoir to rain
plusieurs several
pneu *m.* tire
poli polite
pommeau *m.* knob
porte *f.* door
portière *f.* car door
pot (*m.*) **de colle** jar of glue; nag, pest
poule *f.* chicken
poulet *m.* chicken
poursuivre to follow
pourtant however; yet
pousser to push
pouvoir to be able to
précipité hurried
précipitamment in a hurry
(se) précipiter to rush
préféré favorite
prendre to take; **s'y prendre** to go about it; **Qu'est-ce qui te prend?** What's come over you?
préparer to prepare
près near
(se) présenter to introduce oneself
presque almost
pressé in a hurry
prêt ready
prévoir to foresee
prison *f.* jail
prochain next
profond deep
profondément deeply
(se) promener to take a walk *or* a ride

promeneur *m.* walker, stroller
proposition *f.* phrase
propre clean; own
protégé protected
prouver to prove
publier to publish
puis then
punir to punish

Q

quai *m.* embankment
quand même anyway
quelque chose *m.* something
quelqu'un somebody
queue *f.* tail; **faire la queue** to wait
  on line
quitter to leave
quoi what

R

raccrocher to hang up *(the telephone)*
raconter to tell *(a story)*
ramasser to pick up
rançon *f.* ransom
ranger to arrange; to get out of the
  way
(se) rappeler to remember
rater to miss
rattraper to catch up with
rayon *(m.)* **laser** laser beam
rayure *f.* stripe
réagir to react
réaliste realistic
recherche *f.* research
reconnaître to recognize
refaire to redo
réfléchir to think
regarder to look
réintégrer to return (to)
rejoindre to meet; to reach
remarquer to notice
remettre to put back
remis recovered
remplacer to replace
rencontre *f.* meeting
rencontrer to meet

rendez-vous *m.* appointment; date
(se) rendormir to fall asleep again
rendre to return, give back; **se rendre**
  compte to realize
(se) renseigner to find out
rentrer to return; **rentrer**
  bredouille to return empty-handed
réparation *f.* repair
repartir to leave
répondre to answer
réponse *f.* answer
reprendre to get (back); pick up
reproduire to reproduce
ressembler to resemble
rester to stay; **il me reste** I have left
retarder to delay
retourner to return
retrouver to find; to meet; **se**
  retrouver to find oneself; to meet
réunion *f.* meeting
réussir to succeed
rêve *m.* dream
(se) réveiller to wake up
revenir to come back
rêver to dream
revoir to see again
revolver *m.* gun
rez-de-chaussée *m.* ground floor
rien nothing; **de rien** you're
  welcome
rire to laugh
risquer to risk
roi *m.* king
ronde *(f.)* **de nuit** night watch
rouge red
rougir to blush
rouler to roll
rue *f.* street

S

salle *f.* room; **salle de bains**
  bathroom; **salle de séjour**
  living-room
salut! hi!
samedi *m.* Saturday
sauf except
sauvé saved

savoir to know *(something)*
scandale *m.* scandal
scout *m.* boy scout
sculpteur *m.* sculptor
semaine *f.* week
sembler to seem
sens *(m.)* **interdit** no entry / wrong-way (street)
sentir to feel
sérieux (*f.* **sérieuse**) serious
serrure *f.* lock
servir à to be used for
seulement only
siècle *m.* century
signature *f.* signature
signe *m.* sign; **faire signe** to wave
sœur *f.* sister
soir *m.* evening
sombre dark
somnifère *m.* sleeping pill
son *m.* sound
sonner to ring
sonnerie *f.* ringing
sortie *f.* exit
sortir to come out; to take out
soupçon *m.* suspicion
sourire *m.* smile
souris *f.* mouse
sous-sol *m.* basement
(se) souvenir to remember
souvent often
(se) suicider to commit suicide
suite: tout de suite immediately
suivant following
suivre to follow
super *(colloquial)* great
sûr certain
sur ce upon that
Sûreté *f.* *(literally:* security) *French equivalent of the F.B.I.*
surexcité excited
sursauter to start, jerk
surtout above all
surveillance *f.* watch
surveiller to watch
sympa *(colloquial)* nice
sympathique nice
sympathiser to sympathise

T

tableau *m.* painting
talent *m.* talent
tante *f.* aunt
tapisserie *f.* tapestry
tard late
tarder to take long
tasse *f.* cup
teinté tinted
tel (*f.* **telle**) such a
temps *m.* time; weather; **mauvais temps** bad weather
tenir à to care for; to value
tête *f.* head; expression
têtu stubborn
titre *m.* title
toile *f.* canvas
tomber to fall
tôt early
toucher to touch
toujours always
tour *m.* tour; **faire le tour (de)** to visit *(a place)*
tournée *f.* round; **faire la tournée** to make the rounds
tout everything; **de toutes façons** anyway; **en tout cas** in any case; **tout à coup** suddenly; **tout à fait** entirely; **tout de suite** immediately
trace *f.* trace
travail *m.* work
travailler to work
traverser to cross
tricolore tricolor; red, white, and blue of the French flag
tromper to deceive, fool; **(se) tromper** to be mistaken
trop too much
trottoir *m.* sidewalk
trouille: avoir la trouille *(colloquial)* to be scared
trouver to find; **trouver son compte** to be satisfied; **se trouver** to be *(located)*
truc *m.* "thing" *(when one doesn't know its name)*

tuer to kill
type *m.* kind

U

urgence *f.* emergency
utile useful
utiliser to use

V

vacances *f. pl.* vacation
vache *f.* cow
valoir to be worth; **valoir la peine (de)** to be worth it
veau *m.* calf
vendre to sell
vendredi *m.* Friday
venir to come; **venir de** to have just. . .
vérité *f.* truth
vers towards
verser to deposit; to pour
vert green
veste *f.* jacket
vêtements *m. pl.* clothes
vie *f.* life

vieux (*f.* **vieille**)
visiter to visit *(a place)*
vite quick, fast
vitesse *f.* speed; **à toute vitesse** very fast
vitre *f.* (car) window
vivre to live
voile *f.* sail
voir to see; **à voir** to do *(with)*
voisin adjacent
voiture *f.* car
voix *f.* voice
vol *m.* flight; robbery
voler to steal; to fly
voleur *m.* thief
vouloir to want; **vouloir dire** to mean
voyager to travel
vrai true
vraiment really
vue *f.* sight; **en vue** in sight

Z

zigzaguer to zigzag
zut! darn!

Solutions

Chapitre 1

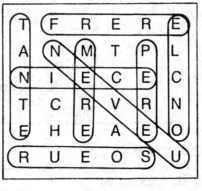

CHAT

Chapitre 2

Chapitre 3

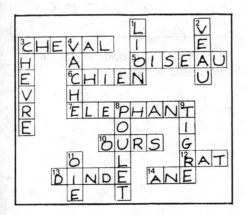

Chapitre 4

Mona Lisa a DISPARU.

Chapitre 5

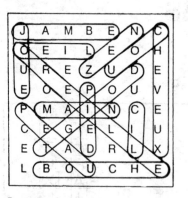

Le corps ne peut pas fonctionner sans LE CŒUR.

Chapitre 6

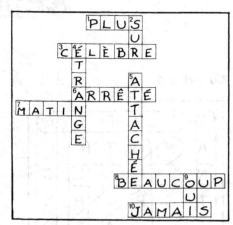

Chapitre 7

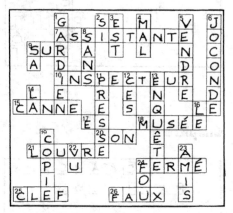

Chapitre 8

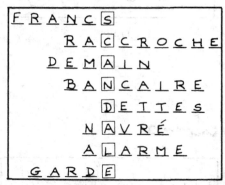

Le vol de la Joconde serait un véritable SCANDALE.

Chapitre 9

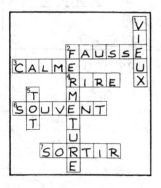

Chapitre 10

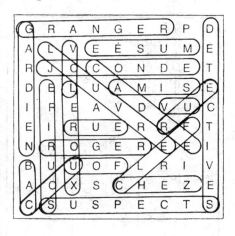

PARIS

Noms propres
Bac
Granger
Joconde
Leroux
Louvre
Roger

Préposition
chez

Adjectif
fou

Participe passé
vu

Noms communs
amis
cadre
clef
cou
détectives
gardien
musée
rue
sourire
suspects
vol

Chapitre 12

¹R	²E	S	E	R	³V	⁴E		⁵D		⁶A
	T				⁷A	N	C	I	E	N
⁸C	A	D	⁹R	E		T				N
	G		E		¹⁰S	U	R			E
¹¹L	E		T		U		¹²H			E
A		¹³F	O	U	I	L	L	E	R	
¹⁴I	¹⁵L		U		C		R			
¹⁶S	A		R		I		B			
S			N		¹⁷D	I	¹⁸T	E	S	
¹⁹E	T	R	E		E		O			
R			R		R		²⁰T	U		

Chapitre 13

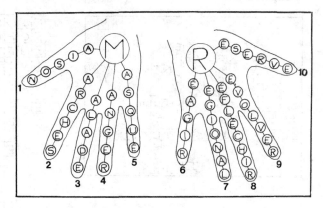

Chapitre 14

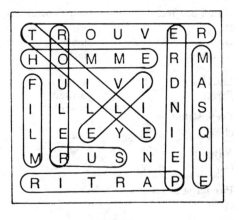

VINYL

Chapitre 15

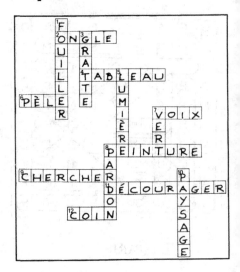

Chapitre 16

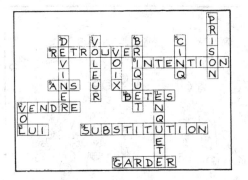

Chapitre 17

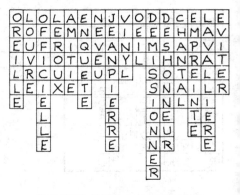

LE VOL DE LA JOCONDE